ALPEN

Lindau
Ravensburg
Friedrichshafen
Meersburg
Bodensee
Konstanz
Überlingen
Radolfzell
Singen
OBERSCHWABEN
Ludwigshafen
Stockach
Wutachschlucht →
Blumberg →
Munderkingen
Untermarchtal
Rechtenstein
Obermarchtal
Ruine Wartstein
Maisenburg
Ruine Schülzburg
Hayingen
Burg Derneck
Gundelfingen
Bichishausen
Hundersingen
Große Lauter
Ertingen
Herbertingen
Scheer
Mengen
Sigmaringendorf
Pfullendorf
Wald
Meßkirch
Riedlingen
Beuren
Sigmaringen
Inzigkofen
NATURPARK OBERE DONAU
Leibertingen
Liptingen
Neuhausen ob Eck
Emmingen
HEGAUALB
Fürstenberg
Länge
Geisingen
Upflamör
Gauingen
Zwiefalten
Inneringen
Jungnau
Gutenstein
Burg Wildenstein
Schloss Bronnen
Beuron
Fridingen
DIE ECK
Möhringen
Immendingen
Donau
Wartenberg
Mehrstetten
Apfelstetten
Buttenhausen
Pfronstetten
ZWIEFALTER ALB
Hettingen
Veringenstadt
Schloss Werenwag
Irndorf
Mühlheim
Tuttlingen
Nendingen
Mahlstetten
Wurmlingen
Wimsener Höhle
Gammertingen
Stetten a. k. M.
Schwenningen
Bärenthal
Kolbingen
Renquishausen
Böttingen
Hohenstein-Ödenwaldstetten
Mariaberg
Winterlingen
Neufra
GROSSER HEUBERG
Talheim
Marbach
Gomadingen
Großengstingen
REUTLINGER ALB
Trochtelfingen
Reichenbach
Egesheim
Königsheim
Dreifaltigkeitsberg
Dürbheim
Spaichingen
Hohenkarpfen
Lupfen
Seeburg
Kleinengstingen
Hausen
Gauselfingen
Bitz
ZOLLERNALB
Nusplingen
Unterdigisheim
Klippeneck
Aldingen
Trossingen
HINTERE ALB
Schloss Lichtenstein
Hörschwag
Meßstetten
Ebingen
Sankt Johann
Lauchert
Burladingen
Truchtelfingen
Lautlingen
Gräbelesberg
Oberdigisheim
Cosheim
Deilingen
Wehingen
Denkingen
Prim
Würtingen
Ohnastetten
Honau
Olgahöhle
Bärenhöhle
Stetten
Salmendingen
Kornbühl
Albstadt-Tailfingen
Laufen
Hörnle
Unterhausen
Erpfingen
Sonnenbühl-Undingen
Melchingen
Onstmettingen
Lochenstein
HOHE SCHWABENALB
Oberhohenberg
Lemberg
Neckar
Falkensteiner Höhle
Nebelhöhle
Genkingen
Willmandingen
Raichberg
Weilstetten
Plettenberg
Hülben
Pfullingen
Wackerstein
Roßberg
Talheim
Frommern
Schömberg
Dettingen a. d. E.
Eningen
Starzel
Boll
Endingen
Dotternhausen
Rottweil
Schlichem
Reutlingen
Achalm
Neuhausen
Gönningen
Farrenberg
Burg Hohenzollern
Stetten
KLEINER HEUBERG
Kohlberg
Gomaringen
Mössingen
Hechingen
Bisingen
Balingen
Geislingen
Dormettingen
Dautmergen
Metzingen
Riederich
Nehren
Stein
Engstlatt
Owingen
Isingen
Jettenburg
Mähringen
Ofterdingen
Bodelshausen
Rosenfeld
Wannweil
Wankheim
Dußlingen
Rangendingen
Eyach
Bempflingen
Kusterdingen
Haigerloch
Kirchentellinsfurt
Kilchberg
Bühl
B 27
A 81
Vöhringen
Tübingen
Bebenhausen
Wurmlingen
Rottenburg a. N.
S
N

Riederich

Dear Effie and Sal,

congratulation to your

fortieth wedding anniversary!!

For the future we wish you a
long and happy time together.

with love

Heide + Klaus.

Die

Schwäbische Alb

Fotos von Rainer Fieselmann und Manfred Grohe
Mit einem Beitrag von Fritz Schray
und einem Geleitwort von Theo Müller
Deutsch – englisch – französisch – spanisch

The Swabian Alb

Photographs by Rainer Fieselmann and Manfred Grohe
With a contribution by Fritz Schray
Foreword by Theo Müller
German – English – French – Spanish

Le Jura souabe

Photographies de Rainer Fieselmann et Manfred Grohe
Avec une contribution de Fritz Schray
et un avant-propos de Theo Müller
En allemand – anglais – français – espagnol

La Schwäbische Alb

Fotos de Rainer Fieselmann y Manfred Grohe
Textos de Fritz Schray
Prólogo de Theo Müller
Alemán – inglés – francés – español

Silberburg-Verlag

In Ofterdingen bei Mössingen sieht man auf dem Grund der Steinlach Ammoniten und andere Versteinerungen aus der Entstehungszeit der Alb.
Seite 2/3: Der Kornbühl mit der Salmendinger Kapelle und der Albtrauf aus der Luft gesehen.

In Ofterdingen, near Mössingen, you can find ammonites and other fossils on the Steinlach bed that date back to the beginnings of the Alb.
Page 2/3: Aerial view of Kornbühl, including Salmendinger Chapel and the steep face of the Swabian Alb, the so-called Albtrauf.

A Ofterdingen près de Mössingen on voit sur le fond du Steinlach des ammonites et d'autres fossiles remontant au temps de la formation du Jura souabe.
Page 2/3: Le Kornbühl avec la chapelle de Salmendingen et l'abrupt du Jura souabe vus d'avion.

En Ofterdingen cerca de Mössingen se pueden ver al fondo del agua del Steinlach (Riachuelo de las Piedras), amonites y otras petrificaciones de la época de los orígenes de la Alb.
Página 2/3: El monte Kornbühl con la capilla de Salmendingen y el margen abrupto de la Alb, vistos desde el aire.

Vorwort

Die Schwäbische Alb ist ein besonderes Mittelgebirge. Sie ist das größte Karstgebiet Deutschlands und weist viele für diese Landschaftsform typische Erscheinungen auf wie Erdfälle, Trockentäler, Flussschwinden und zahlreiche Höhlen. In einigen geeigneten Höhlen wohnten schon vor über 30 000 Jahren Menschen. Von diesen zeugen nicht nur Knochen der Beutetiere, sondern auch Kunstwerke wie die aus Mammutelfenbein geschnitzten Tierfiguren und eine Flöte aus einem Schwanenflügelknochen, das älteste bekannte Musikinstrument. Waren in der Altsteinzeit noch Jäger und Sammler unterwegs, die das Landschaftsbild kaum umgestalteten, so änderte sich dies mit dem Sesshaftwerden der Menschen in der Jungsteinzeit. Seither wurde über Jahrtausende hinweg die Landschaft von Bauern und Schäfern geprägt. Durch ihre Tätigkeit entstand das uns geläufige, vielfältige, faszinierende und beliebte Bild der Kulturlandschaft Schwäbische Alb.

Dabei wechseln sich eng in den Albkörper eingeschnittene Täler mit der Weite der welligen Albhochfläche ab. Zwischen Wäldern, Äckern und Wiesen ziehen sich auf Rücken und Hängen karge, mit Wacholder und Weidebäumen bestandene Heiden hin, nach Thymian und anderen Kräutern duftend, sommers durchstrahlt von den Sonnen der Silberdisteln. Dazu gehören auch die schroffen, hell leuchtenden Felsen an den Flanken der Hänge, die geradezu berauschende Tiefblicke in Täler oder über das Albvorland gewähren. Hinzu kommt eine einmalige Naturausstattung mit Pflanzen und Tieren, aber auch mit Erscheinungen der Landschaftsgeschichte. Nicht zu übersehen sind die Zeugnisse der früheren Landnutzung und beachtenswert die zahlreichen Kulturdenkmäler. Bei dieser Vielgestaltigkeit der Landschaft und ihrer herben Schönheit ist es nicht verwunderlich, dass viele Menschen die Schwäbische Alb zum erholsamen Wandern und Erleben aufsuchen. Für den Besucher ist sie eine wunderbare Erholungslandschaft.

Der 1888 gegründete Schwäbische Albverein hatte das Ziel, die Alb mit Wanderwegen zu erschließen. Heute betreut er ein Wanderwegenetz von 23 000 Kilometern. Die Wege führen durch reizvolle Landschaften und hin zu ganz besonderen Stellen; damit lenken sie den Besucherstrom und schaffen so Freiräume für ungestörte Natur. Der Schwäbische Albverein ist mit seinen rund 120 000 Mitgliedern europaweit der größte Wanderverein. Er pflegt und fördert aber nicht nur das Wandern, zu seinen Zielen gehört auch der Schutz der heimischen Natur sowie die Pflege der Kulturlandschaft und der heimischen Bräuche; er ist damit ein umfassender Heimatverein. Er unterhält außer dem Wanderwegenetz 24 Wanderheime und 23 Aussichtstürme. Alle diese Aufgaben kann er nur mit Hilfe und Unterstützung einer großen Zahl von ehrenamtlich Tätigen leisten. Was diese leisten, kommt nicht nur den Vereinsmitgliedern, sondern allen Bürgern zugute.

Die eindrucks- und stimmungsvollen Fotos des Bildbandes samt der hinführenden Texte zeigen sehr einfühlsam die herbe Schönheit der Schwäbischen Alb und verdeutlichen, welchen Schatz wir an ihr haben. Dafür sei den Autoren und dem Silberburg-Verlag gedankt. Der Band möge vielen Menschen Anregung bieten, die Schwäbische Alb selbst zu erkunden; ebenso möge er ihnen Erinnerung sein an einzigartige Alberlebnisse und sie motivieren, sich für die Erhaltung der Schönheit der Alb einzusetzen.

Professor Dr. Theo Müller
Vizepräsident des Schwäbischen Albvereins

The English version of the text you will find on page 167.
La traduction en français se trouve page 170.
La traducción al español la encuentra Ud. en la página 173.

Bei der Wutachmühle
berühren sich Schwarzwald und
Schwäbische Alb.

At the Wutachmühle the Black
Forest meets the Swabian Alb.

C'est dans les environs du
Wutachmühle que le Jura souabe
et la Forêt-Noire se rejoignent.

Cerca del molino Wutach
se rozan la Selva Negra y la
Schwäbische Alb.

Die »Sauschwänzlebahn« – hier beim Epfenhofer Viadukt – überwindet als Museumsbahn in vielen Schleifen und einem Kreiskehrtunnel 231 Meter Höhenunterschied.

The "Sauschwänzlebahn", literally: Pigtail Railway—captured here at the Epfenhofer Viaduct—is a special pleasure-trip and rail-lover's line. In the course of its 231-metre climb the train follows many curves and bends, including an upward-spiralling tunnel.

La ligne de chemin de fer «Sauschwänzlebahn» (en queue de cochon) devenue un musée, franchit les 231 mètres de dénivellation au moyen de nombreux virages et d'un tunnel en boucle (ici près du viaduc d'Epfenhof).

El tren especial para amantes de viajar en trenes antiguos, llamado la colita del cerdo «Sauschwänzlebahn» – aquí en el viaducto de Epfenhofen – vence con esfuerzo las muchas curvas y un túnel circular que sube o baja. El tren tiene que vencer una diferencia de altura de 231 metros.

Rot leuchtet das Renaissance-Fachwerk am Eingang des Ochsenbeckenhauses in Talheim bei Trossingen.
Rechts: Der Hohenkarpfen (917 m), einer der Zeugenberge nordwestlich von Tuttlingen.

Standing out in bright red, the Renaissance framework at the entrance of Ochsenbeckenhaus in Talheim, near Trossingen.
Right: Hohenkarpfen (917 m), one of the Zeugenberge to the north-west of Tuttlingen.

La couleur rouge met en valeur le pan-de-bois Renaissance à l'entrée de la maison Ochsenbecken à Talheim près de Trossingen.
A droite le Hohenkarpfen (917 m), une des buttes-témoins au nord-ouest de Tuttlingen.

La fachada entramada de estilo renacentista reluce roja en la entrada de la casa Ochsenbecken en Talheim cerca de Trossingen.
A la derecha: El monte Hohenkarpfen (917 metros), uno de los Zeugenberge (Montes Testigos) al nordoeste de Tuttlingen.

Die Kirche auf dem Dreifaltigkeits-berg (983 m) bei Spaichingen ist ein beliebtes Ziel für Wallfahrten.

The church upon the mountain Dreifaltigkeitsberg (983 m) near Spaichingen attracts many pilgrims.

L'église sur le Dreifaltigkeitsberg (983 m) près de Spaichingen est un pélerinage très fréquenté.

La iglesia sobre el monte Dreifaltigkeit (Monte de la Trinidad, 983 metros) cerca de Spaichingen es un lugar de peregrinaje muy apreciado.

Vom Hochturm aus überblickt man die Altstadt von Rottweil mit dem Münster (links) und der Kapellenkirche.

From the Hochturm a good view is to be gained of the old town centre of Rottweil, including its cathedral (left) and Kapellenkirche.

De la tour «Hochturm» on embrasse du regard la partie ancienne de la ville de Rottweil avec la cathédrale (à gauche) et la Kapellenkirche.

Desde el Hochturm (Torre Alta) se abarca con la vista la ciudad antigua de Rottweil con la Catedral (a la izquierda) y la Kapellenkirche (Iglesia de la Capilla).

An bis zu 200 Tagen im Jahr versickert die Donau zwischen Immendingen und Möhringen vollständig im Karstuntergrund, sodass man trockenen Fußes durchs Flussbett gehen kann. Links: Tuttlingen schmiegt sich um den Honberg mit seinen markanten Türmen.

For up to 200 days a year the Danube disappears underground between Immendingen and Möhringen, due to karst development in the area, thus making it possible to walk upon the riverbed without getting your feet wet. Left: Tuttlingen, nestled against Honberg with its striking towers.

Entre Immendingen et Möhringen le Danube disparaît totalement dans le sous-sol karstique jusqu'à 200 jours par an, de sorte que l'on peut parcourir à pied sec le lit du fleuve. A gauche: Tuttlingen se blottit autour du Honberg coiffé de ses tours caractéristiques.

Hasta 200 días al año puede filtrarse el Danubio en el subsuelo de Karst, entre Immendingen y Möhringen de manera que se puede caminar por el lecho del río manteniendo los pies totalmente secos. A la izquierda: Tuttlingen abraza al Honberg con sus sobresalientes torres.

Pestkreuze aus dem 17. Jahrhundert bei Emmingen-Liptingen.
Rechts: Vom Höhenzug Witthoh (860 m) hat man einen bezaubernden Ausblick auf die Hegaulandschaft um Engen mit dem Hohenstoffeln und dem Hohenhewen.

Plague crosses dating from the 17th century, erected near Emmingen-Liptingen.
Right: From the high range of Witthoh (860 m) there is an enchanting view of the Hegau landscape around Engen, including Hohenstoffeln and Hohenhewen.

Croix de la Peste du XVIIe siècle près de Emmingen-Liptingen.
A droite: la chaîne du Witthoh (860 m) d'où l'on a une vue magnifique sur le paysage du Hegau autour d'Engen avec le Hohenstoffeln et le Hohenhewen.

Las cruces de la peste del siglo XVII cerca de Emmingen-Liptingen.
A la derecha: Desde la colina Witthoh (860 metros) se tiene una encantadora vista sobre el paisaje de Hegau en los alrededores de Engen con el monte Hohenstoffeln y el monte Hohenhewen.

Im Freilichtmuseum Neuhausen ob Eck sind alte bäuerliche Gebäude zu sehen, die in weitem Umkreis abgebaut und hier originalgetreu wiedererrichtet wurden.

At the outdoor museum at Neuhausen ob Eck you can visit old farm buildings typical of the region but which have been transported from where they once stood and reconstructed in their original form.

Dans le musée de plein air de Neuhausen ob Eck on peut admirer des bâtiments agricoles vieux provenant des environs, qui furent démontés et remontés ici à l'identique.

En el museo al aire libre de Neuhausen ob Eck se pueden ver construcciones campesinas excepcionales, que fueron desmontadas en una vasta periferia y aquí vueltas a construir siguiendo el original.

Die Galluskirche in Mühlheim
an der Donau.

The church Galluskirche
in Mühlheim on the Danube.

L'église Saint-Gall à Mühlheim an
der Donau.

Galluskirche en Mühlheim
a las orillas del Danubio.

Fachwerkhaus im mittelalterlichen Fridingen an der Donau.

Half-timbered house in mediaeval Fridingen on the Danube.

Une maison en pan-de-bois dans le bourg médiéval de Fridingen an der Donau.

Casa de fachada entramada en la ciudad medieval de Fridingen a las orillas del Danubio.

Das obere Donautal ist
besonders schön, wenn es
in Herbstfarben lodert.

The Upper Danube Valley
is particularly beautiful
revealed in its full autumnal blaze.

La vallée supérieure du Danube
est particulièrement belle
quand elle flamboie
dans ses couleurs d'automne.

El valle superior del Danubio
es especialmente bello,
cuando llamea
con los colores del otoño.

Eingebettet ins felsige Tal liegt
die Benediktinerabtei Beuron.

Imbedded in the rocky valley lies
the Benedictine abbey of Beuron.

L'abbaye bénédictin de Beuron est
encastré dans une vallée rocheuse.

En medio del valle rocoso como
en una cama se encuentra el
Monasterio Benedictino de Beuron.

Die junge Donau ist ein Eldorado für Kajak- und Kanufahrer. Im Hintergrund sieht man Schloss Werenwag, wo im 13. Jahrhundert der Minnesänger Hugo von Werenwag lebte.

The young Danube is a real paradise for those who are keen on kayaking or canoeing.
In the background you can see Werenwag Castle where, in the 13th century, the minnesinger Hugo von Werenwag lived.

Le Danube à ses débuts est un eldorado pour les amateurs de kayak et de canoë.
On voit à l'arrière-plan le château de Werenwag, où vécut au XIIIe siècle le troubadour Hugo von Werenwag.

El joven Danubio es un El Dorado para los amantes del canotaje y del kájac.
Al fondo se puede ver el Castillo de Werenwag, donde vivió en el siglo XIII el trovador Hugo von Werenwag.

Burg Wildenstein, ein gut befestigtes Felsennest hoch über der Donau, wird schon im Jahr 1077 urkundlich erwähnt.

Wildenstein Castle—a well-fortified stronghold on high, overlooking the Danube—was mentioned in documents as far back as 1077.

Le château fort de Wildenstein, un nid d'aigle particulièrement bien défendu, posté haut au-dessus du Danube et qui est mentionné déjà en 1077.

Castillo fortificado Wildenstein (piedra de los salvajes), un nido de roca bien fortificado, arriba sobre el Danubio. Este castillo ya fue mencionado en el año 1077 en un documento.

Im Garten des ehemaligen Augustinerchorfrauenstifts Inzigkofen findet sich ein kleiner Nonnenfriedhof. Vorhergehende Doppelseite: Sigmaringen-Gutenstein.

In the garden of the Augustinian nunnery Inzigkofen there is a small nun's cemetery. Previous double page: Sigmaringen-Gutenstein.

A Inzigkofen, dans les jardins de l'ancien couvent des religieuses de l'ordre de Saint-Augustin se trouve leur petit cimetière. Double page précédente: Sigmaringen-Gutenstein.

En el jardín del antiguo Convento Coral de las Agustinas Inzigkofen se encuentra un pequeño cementerio de monjas. Página doble anterior: Sigmaringen-Gutenstein.

Malerisch thront in Sigmaringen
das Schloss der Fürsten
von Hohenzollern-Sigmaringen
über der Donau.

Offering a picturesque sight,
the castle of the Princes
of Hohenzollern-Sigmaringen
reigns over the Danube.

A Sigmaringen le château
des princes de Hohenzollern-Sigmaringen surplombe de
façon pittoresque le Danube.

En Sigmaringen reina pintoresco
sobre el Danubio el castillo
del príncipe de Hohenzollern-Sigmaringen.

Folgende Doppelseite:
Das Bäratal durchschneidet den
Großen Heuberg.

Following double page:
The Bära Valley cuts through
Great Heuberg.

Double page suivante:
Le Großer Heuberg est entaillé
par la vallée du Bära.

Página doble siguiente:
El valle de Bära corta el
Großer Heuberg
(Gran Montaña de Heno).

Blumen der Alb,
in der oberen Reihe verschiedene Orchideen.

Flowering plants of the Alb,
the upper row depicting various kinds of orchids.

La flore du Jura souabe.
Dans la rangée supérieure, différentes orchidées.

Flores de la Alb;
en la fila superior diferentes orquídeas.

Rotbrauner Frauenschuh (Cypripedium calceolus)

Bräunliche Nestwurz (Neottida nidus-avis)

Bocks-Riemenzunge
(Himantoglossum hireinum)

Weiße Fetthenne (Sedum album)

Nickende Küchenschelle (Pulsatilla vernalis)

Zweiblättrige Waldhyazinthe (Platanthera bifolia)

Fliegen-Ragwurz (Ophrys insectifera)

Helm-Knabenkraut (Orchis militaris)

Rotes Waldvögelein (Cephalanthera rubra)

Gelber Enzian (Gentiana lutea)

Türkenbundlilie (Lilium martagon) am Roßberg bei Reutlingen-Gönningen

Rodelvergnügen
bei Albstadt-Onstmettingen.

Fun and enjoyment
while tobogganing,
near Albstadt-Onstmettingen.

Les joies de la luge
près d'Albstadt-Onstmettingen.

El placer de hacer trineo,
cerca de Albstadt-Onstmettingen.

Eine weithin sichtbare Landmarke:
der Fernmeldeturm
auf dem Plettenberg (1002 m)
bei Dotternhausen.

A further visible landmark—
the telecommunications tower
on the Plettenberg (1002 m),
near Dotternhausen.

Un repère visible de loin, la tour de
transmissions sur le Plettenberg
(1002 m) près de Dotternhausen.

Un signo paisajístico que
se ve desde muy lejos:
La torre de telecomunicaciones
sobre el Plettenberg (1002 metros)
cerca de Dotternhausen.

Der Lochenstein (963 m)
bei Balingen-Weilstetten
ist ein beliebtes Wanderziel,
gilt er doch als
schönster Aussichtsberg der
Schwäbischen Alb.

Lochenstein (963 m),
near Balingen-Weilstetten,
is popular among hikers,
as it is said to offer
the very best viewpoints
of all the Alb mountains.

Le Lochenstein (963 m)
près de Balingen-Weilstetten,
un but de promenade apprécié
d'où l'on a
un des plus beaux points de vue
de tout le Jura souabe.

El monte Lochenstein (963 metros)
cerca de Balingen-Weilstetten
es un objetivo predilecto
para hacer caminatas.
Se le considera como
el monte con la vista más bella
de la Schwäbische Alb.

Links: »Klein-Venedig« heißt das pittoreske alte Balinger Gerberviertel an der Eyach. Im Hintergrund der Wasserturm beim Zollernschlössle. – Oben: Der Bürgerturm in Albstadt-Ebingen stammt aus dem 15. Jahrhundert. – Seite 38: Das »Felsenmeer« über Albstadt-Laufen.

Left: "Little Venice" is the name given to Balingen's picturesque, old tanning district situated on the Eyach. In the background, the water tower at Zollernschlössle.—Above: The Bürgerturm in Albstadt-Ebingen dates back to the 15th century.—Page 38: The "Felsenmeer" (sea of rocks) above Albstadt-Laufen.

A gauche: Le pittoresque ancien quartier des Tanneurs au bord de l'Eyach dans Balingen porte le nom de « Petite Venise ». A l'arrière-plan le château d'eau près du « Zollernschlössle ». – En haut: La tour « Bürgerturm » à Albstadt-Ebingen remonte au XVe siècle. – Page 38: La «mer de rochers» au-dessus d'Albstadt-Laufen.

A la izquierda: «Klein-Venedig» (Pequeña Venecia) se llama el pintoresco barrio de curtidores de Balingen, que se encuentra a orillas del río Eyach. Al fondo la torre del agua cerca del castillito de Zollern. – Arriba: La «Bürgerturm» (Torre de los Burgueses) en Albstadt-Ebingen es originaria del siglo XV. – Página 38: El «Felsenmeer» (Mar de Rocas) sobre Albstadt-Laufen.

SCHLOSS CAFE

Die Burg Hohenzollern bildete den Ausgangspunkt der 900-jährigen Hohenzollern-Dynastie, deren preußische Linie im 19. Jahrhundert zum deutschen Kaisergeschlecht avancierte. In ihrer jetzigen Form wurde die Burg 1850 bis 1867 erbaut – nicht als Wohnstätte und nicht zur Verteidigung, sondern als steingewordene romantische Idee, die heute mehr als 300 000 Besucher pro Jahr anlockt.

Hohenzollern Castle represents the starting point of the 900-year Hohenzollern dynasty, the Prussian line of which advanced to German imperial standing in the 19th century. The castle attained its present state between 1850 and 1867, but was then not constructed as a place of dwelling or with defence in mind, but rather with a romantic vision, that has literally turned to stone and now attracts more than 300,000 visitors a year.

Le château fort de Hohenzollern est le berceau de la dynastie du même nom, vieille de 900 ans, dont la lignée prussienne devint au XIXe siècle celle des empereurs allemands. Il fut construit dans sa forme actuelle entre 1850 et 1867, non pas comme résidence ou en tant que défense, mais comme concrétisation en pierre d'une idée romantique, qui attire aujourd'hui plus de 300 000 visiteurs par an.

El castillo fortificado de Hohenzollern forma el punto inicial de la dinastía de los Hohenzollern, que tuvo una duración de 900 años y cuya línea prusiana avanzó en el siglo XIX hacia la familia de los emperadores alemanes. En su forma actual fue construido el castillo de 1850 a 1867, no como ciudad de residencia ni para la defensa, sino como idea romántica vuelta piedra, que hoy atrae a más de 300 000 visitantes por año.

Vorhergehende Doppelseite: An einer Eyachschleife liegt Haigerloch, überragt vom Schloss und der Schlosskirche.

Previous double page: Haigerloch lies on a curve in the Eyach, and reigning above it, the castle and its church.

Double page précédente: Dans une boucle de la rivière Eyach se trouve Haigerloch, surmonté du château et de son église.

Página doble anterior: En una curva del río Eyach se encuentra la ciudad de Haigerloch, dominada por el castillo y la iglesia del castillo.

855 Meter über dem Meeresspiegel und 350 Meter über dem Tal thront die Burg Hohenzollern auf einem kegelförmigen Zeugenberg.

855 m above sea level and 350 m above the valley, Hohenzollern Castle stands majestically upon one of the cone-shaped mountains of the Zeugenberge.

Dominant à 855 mètres au-dessus de la mer et à 350 mètres au-dessus de la vallée, le château fort de Hohenzollern couronne une butte-témoin de forme cônique.

El Castillo de Hohenzollern reina a una altura de 855 metros sobre el nivel del mar y 350 metros sobre el valle. Se encuentra encima de uno de los Montes Testigos los cuales se caracterizan por su forma de cono.

Winterlicher Flug über den kreisrunden Kornbühl (886 m), der die Salmendinger Kapelle trägt, zum Hohenzollern.

A wintry flight over the rounded Kornbühl (886 m), upon which Salmendinger Chapel lies, and on to Hohenzollern.

Vol hivernal par dessus le Kornbühl de forme circulaire (886 m), surmonté de la chapelle de Salmen-dingen, vers le Hohenzollern.

Vuelo invernal hacia el Hohenzollern sobrevolando el monte redondo Kornbühl (866 metros) que porta la capilla de Salmendingen.

Die Schwäbische Alb – ein Traum
(oben beim Raichberg,
links der Kornbühl).

The Swabian Alb—a dream
(above: near Raichberg,
left: Kornbühl).

Le Jura souabe, un rêve
(en haut près du Raichberg,
à gauche le Kornbühl).

La Schwäbische Alb, un sueño
(arriba, en las cercanías
del monte Raichberg,
a la izquierda el monte Kornbühl).

Für das Lindenhof-Theater in Burladingen-Melchingen verfasste der bekannte Schriftsteller Peter Härtling sein Stück »Die Melchinger Winterreise«. Der erste Teil spielt unter den Windkraftanlagen auf dem Himmelberg.
Rechts: Felder bei Burladingen-Salmendingen.

For the Lindenhof Theatre in Burladingen-Melchingen the well-known author Peter Härtling wrote his play "Die Melchinger Winterreise", the first part of which is set on the Himmelberg beneath the wind-driven generators of the wind farm there. Right: fields near Burladingen-Salmendingen.

C'est pour le Lindenhof-Theater de Burladingen-Melchingen que le célèbre écrivain Peter Härtling a écrit la pièce «Die Melchinger Winterreise» dont la première partie se déroule sous les éoliennes du Himmelberg.
A droite: champs près de Burladingen-Salmendingen.

El conocido escritor Peter Härtling compuso su obra de teatro «Die Melchinger Winterreise» (El viaje invernal a Melchingen) para el grupo de Teatro de Lindenhof (Hacienda del Tilo) de Burladingen-Melchingen. La primera parte transcurre bajo los molinos de viento (central eléctrica eólica) encima del Himmelberg (Monte del Cielo). A la derecha: Campos cultivados cerca de Burladingen-Salmendingen.

In Hechingen-Stein wurde ein römisches Landgut als Freilichtmuseum wieder aufgebaut.

A Roman estate in Hechingen-Stein has been turned into an outdoor museum.

La villa romaine de Hechingen-Stein a été reconstituée pour devenir un musée en plein air.

En Hechingen-Stein se volvió a construir una hacienda romana como museo al aire libre.

Die Peter-und-Pauls-Kirche in Bisingen.

The Peter-und-Pauls-Kirche in Bisingen.

L'église Saint-Pierre-et-Saint-Paul à Bisingen.

Peter-und-Pauls-Kirche (La Iglesia de San Pedro y San Pablo) en Bisingen.

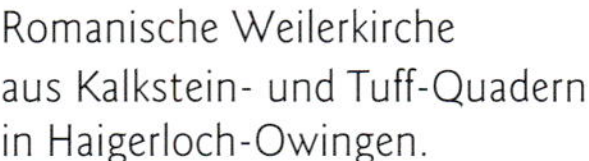

Romanische Weilerkirche aus Kalkstein- und Tuff-Quadern in Haigerloch-Owingen.

Romanic Weilerkirche in Haigerloch-Owingen, constructed with ashlars of limestone and tufa.

L'église du hameau de Haigerloch-Owingen, construite en pierres de taille de travertin et chaux.

Iglesia de aldea al estilo románico de sillar de toba en Haigerloch-Owingen.

Der »Hangende Stein« (923 m) am Ostabhang des Raichbergs ist durch einen großen Spalt vom Berg getrennt.

The "Hangender Stein" (923 m), on the eastern slope of the Raichberg, is separated from the mountain by a big chasm.

Le rocher « Hangender Stein» (pierre suspendue, 923 m) sur le flanc est du Raichberg est séparé de la montagne par une puissante crevasse.

«Hangender Stein» (la Piedra Colgante, 923 metros) en la pendiente este del Monte Raichberg está separada del monte por una gran resquebrajadura.

Der Farrenberg (820 m) bei Mössingen eignet sich als Tafelberg besonders gut für die Sportfliegerei. Den Piloten bieten sich an Glückstagen über der Reutlinger Alb Stimmungen wie die auf der rechten Seite.

Farrenberg (820 m), a table mountain near Mössingen, is especially suitable for flying sports of all kinds. On a lucky day pilots may enjoy a view over the Reutlinger Alb similar to the one on the page to the right.

Le plateau de Farrenberg (820 m) près de Mössingen se prête particulièrement bien au vol à voile. Les jours de chance les pilotes s'offrent au-dessus des environs de Reutlingen des ambiances telles celle de la page de droite.

El Farrenberg (820 metros) cerca de Mössingen es idóneo para utilizar como meseta, en especial para la aviación deportiva. En días de suerte los pilotos pueden disfrutar de una atmósfera sobre la Alba de Reutlingen, como ésta en la página derecha.

Heißluftballone über der Alb.

Hot-air balloons above the Alb.

Montgolfières au-dessus du Jura souabe.

Globos aerostáticos sobre la Alb.

Ballonstart auf dem Farrenberg.

Balloon take-off on Farrenberg.

Départ de montgolfières sur le Farrenberg.

Despegue de globos aerostáticos desde el Farrenberg.

Segelflugzeuge auf dem Farrenberg.

Gliders on Farrenberg.

Planeurs sur le Farrenberg.

Planeadores sobre el Farrenberg.

Die Liebhaber der Lüfte finden die Schwäbische Alb einfach himmlisch. Gleitschirmflieger bei Römerstein-Donnstetten.

The Swabian Alb is simply heavenly for those who love being air-borne. Parachute gliders, near Römerstein-Donnstetten.

Les amateurs d'espaces aériens trouvent le Jura souabe divin. Parapentistes près de Römerstein-Donnstetten.

Los amantes del aire encuentran la Schwäbische Alb simplemente celestial. Ala Delta en las cercanías de Römerstein-Donnstetten.

Modellsegelflieger auf der Teck.

Model gliders on Teck Mountain.

Modèles réduits d'avions sur le Teck.

Planeadores de juguete sobre el monte Teck.

Der Aussichtsturm auf dem Roßberg (869 m) bei Reutlingen-Gönningen im Winter ...

Outlook-tower on Roßberg (869 m), near Reutlingen-Gönningen, in winter ...

La tour-belvédère au sommet du Roßberg (869 m) près de Reutlingen-Gönningen en hiver ...

La torre-mirador encima del Roßberg (Monte del Caballo, 869 metros) cerca de Reutlingen-Gönningen, en invierno ...

... und was man im Sommer
von seiner Spitze aus sieht.

... and the view from its peak
in summer.

... et la vue que l'on a en été
depuis son sommet.

... y lo que se puede ver desde
su cumbre en el verano.

Tübingen bezaubert mit seiner malerischen Neckarfront und den romantischen Stocherkähnen.

Tübingen is enchanting with its picturesque Neckar riverfront and romantic punts.

Tübingen enchante avec les rives pittoresques du Neckar et les romantiques embarcations dites «Stocherkähne».

Tübingen encanta con su pintoresco frente del Neckar y su románticas «Stocherkähne» (embarcaciones que se deslizan con una pértiga).

Blick auf die Reutlinger Altstadt mit der Marienkirche.

View of Reutlingen's old town centre, including the church Marienkirche.

Vue sur le centre historique de Reutlingen avec la Marienkirche.

Vista sobre la ciudad antigua de Reutlingen con la Marienkirche (Iglesia de María).

Der Wackerstein (825 m) hoch über der Genkinger Steige ist ein beliebtes Ausflugsziel (oben und links).

Wackerstein (825 m), high above the ascending route known as the Genkinger Steige, is a popular attraction for day-trippers (above and left).

Le Wackerstein (825 m) haut au-dessus du col de Genkingen est une destination d'excursion appréciée (en haut et à gauche).

El monte Wackerstein (825 metros) arriba sobre la calle empinada de Genkingen es un lugar de excursión predilecto (arriba y a la derecha).

Der Aussichtsturm auf dem Schönberg (793 m) bei Pfullingen wurde 1906 nach Plänen von Theodor Fischer erbaut. Im Volksmund heißt er wegen seiner Form »Gefrorene Unterhose«.

The outlook-tower on Schönberg (793 m), near Pfullingen, was built in 1906 according to plans drawn up by Theodor Fischer. Because of its shape it is commonly known as the "frozen long johns".

La tour-belvédère sur le Schönberg (793 m) près de Pfullingen fut érigée en 1906 d'après des plans de Theodor Fischer. Le langage populaire lui donne à cause de sa forme le surnom de « caleçon gelé».

La torre-mirador encima del Schönberg (Monte Bello, 793 metros) cerca de Pfullingen fue construido según los planos de Theodor Fischer en 1906. En la lengua coloquial le se llama a causa de su forma «Gefrorene Unterhose» (Calzoncillos Congelados).

Winterstimmung beim Ruoffseck zwischen Pfullingen und Sonnenbühl-Genkingen.

Impressions of winter, near Ruoffseck between Pfullingen and Sonnenbühl-Genkingen.

Ambiance hivernale près du Ruoffseck entre Pfullingen et Sonnenbühl-Genkingen.

Ambiente invernal en las cercanías de Ruoffseck entre Pfullingen y Sonnenbühl-Genkingen.

Blick auf die Achalm (707 m), den Reutlinger »Hausberg«, und den Albtrauf.

View of the Achalm (707 m), Reutlingen's "local mountain", and the Albtrauf.

Vue sur le mont Achalm (707 m), la montagne caractéristique de Reutlingen et le versant escarpé du Jura souabe.

Vista sobre el «monte de Reutlingen» Achalm (707 metros), y sobre el margen abrupto de la Alb.

Schloss Lichtenstein
über dem Echaztal
im Raureif.

Lichtenstein Castle
above the Echaz Valley,
clad in hoarfrost.

Le château de Lichtenstein
dominant la vallée de l'Echaz
sous le givre.

Castillo Lichtenstein
con escarcha,
sobre el valle del río Echaz.

Inspiriert von Wilhelm Hauffs Roman »Lichtenstein«, ließ Graf Wilhelm von Württemberg, ein Neffe des Königs, 1840 bis 1842 das romantische Schloss erbauen. Links ein Blick von Westen. Oben der Rittersaal mit einem Porträt des Grafen Wilhelm, unten das Wappenzimmer.

Inspired by Wilhelm Hauff's novel "Lichtenstein", Count Wilhelm of Württemberg, a nephew of the King, had the romantic castle built between 1840 and 1842. Left: A view from the west. Above: Knight's Hall with a portrait of Count Wilhelm. Below: Heraldry Room.

Inspiré par le roman « Lichstenstein» de Wilhelm Hauff, le comte Wilhelm, un neveu du roi de Wurtemberg, se fit construire entre 1840 et 1842 ce château romantique. A gauche, une vue de l'ouest. En haut la salle des chevaliers avec un portrait du maître de l'ouvrage, en bas la salle d'armes.

Inspirado en la novela de Wilhelm Hauff «Lichtenstein», el conde Wilhelm vonWürttemberg, un sobrino del rey, mandó construir un romántico castillo. A la izquierda una vista del oeste. Arriba, la Sala de los Caballeros con un retrato del conde Wilhelm, abajo el Cuarto del Escudo.

Engstingen-Kleinengstingen
im Frühjahr.

Engstingen-Kleinengstingen
in the spring.

Engstingen-Kleinengstingen
au printemps.

Engstingen-Kleinengstingen
en primavera.

Die Bärenhöhle mit ihren faszinierenden Tropfsteinen ist auf 271 Meter Länge begehbar und zieht Jahr für Jahr etwa 150 000 Besucher an.

Bärenhöhle with its fascinating stalagmites and stalactites is accessible for all of 271 metres and each year it attracts around 150,000 visitors.

Les stalactites de la Bärenhöhle (la grotte aux ours), dans laquelle on pénètre sur 271 mètres, fascinent plus de 150 000 visiteurs par an.

La Bärenhöhle (Cueva de los Osos) con sus fascinantes estalagtitas puede ser recorrida a pie 271 metros de largo y atrae año tras año a unos 150.000 visitantes.

Ein Winterabend in Trochtelfingen.

A winter evening in Trochtelfingen.

Soir d'hiver à Trochtelfingen.

Una noche invernal en Trochtelfingen.

Im ehemaligen Kloster Mariaberg sind heute Behindertenheime des Diakonischen Werkes untergebracht.

Mariaberg: Formerly a monastery, today it serves the Protestant organisation Diakonisches Werk for within its walls are now homes for the handicapped.

L'ancien couvent de Mariaberg abrite aujourd'hui un centre pour handicapés géré par les Oeuvres du Diaconat.

En el que fuera el Convento Marienberg (Monte de María) hay ahora casas de la Diakonisches Werk (Obra Diacónica), donde se da alojamiento a personas con impedimentos mentales.

Flug über das Fehlatal.

Flight over the Fehla Valley.

Vol au-dessus de la vallée de la rivière Fehla.

Vuelo sobre el valle de Fehla.

Das Schloss in Scheer mit seinen markanten Staffelgiebeln wurde 1485 bis 1505 erbaut.

The castle in Scheer, with its characteristic staggered gables, was built between 1485 and 1505.

Le château de Scheer avec ses pignons à redents fut construit entre 1485 et 1505.

El Castillo en Scheer con su característico frontispicio escalonado fue construido entre 1485 y 1505.

Mit 78 Meter Durchmesser und 13,5 Meter Höhe macht der Hohmichele (wörtlich: der hohe, große Hügel) seinem Namen alle Ehre.
Hier, mitten im Wald bei Mengen-Beuren, wurde im 6. vorchristlichen Jahrhundert ein Keltenfürst von der Heuneburg mit seiner Frau bestattet.

With a diameter of 78 metres and a height of 13.5 metres the Hohmichele (literally: the big, high hill) does honour to its name.
Here, in 6th century B. C., a Celtic prince of Heuneburg and his wife were laid to rest right in the middle of the forest near Mengen-Beuren.

Avec ses 78 mètres de diamètre et ses 13,5 mètres de hauteur, le Hohmichele (mot pour mot la grande et haute colline), mérite bien son nom. C'est ici au coeur de la forêt près de Mengen-Beuren qu'un prince celte du Heuneburg fut enterré avec son épouse au VIe siècle av. J.-C.

Con un radio de 78 metros y 13,5 metros de altura le hace el Hohmichele (la Alta y Gran Colina) honor a su nombre. Aquí, en medio del bosque cerca de Mengen-Beuren, fueron enterrados un príncipe celta del castillo de Heuneburg y su esposa en el siglo VI antes de Cristo.

Riedlingen mit seinem mittelalterlichen Stadtkern und dem Donauwehr.

Riedlingen with its mediaeval town centre and Danube weir.

Riedlingen avec son centre médiéval et la digue sur le Danube.

Riedlingen con su casco antiguo medieval y el pequeño dique del Danubio.

Küche im Bauernhausmuseum in Hohenstein-Ödenwaldstetten.

Kitchen in the Farmhouse Museum in Hohenstein-Ödenwaldstetten.

La cuisine de la ferme-musée de Hohenstein-Ödenwaldstetten.

Cocina en la casa-museo campesina en Hohenstein-Ödenwaldstetten.

Am Münsinger Marktplatz.

Münsingen market square.

Sur la place du Marché
de Münsingen.

En la plaza del mercado
de Münsingen.

Der jüdische Friedhof in Münsingen-Buttenhausen – ein Ort der Ruhe und des Gedenkens.

The Jewish cemetery in Münsingen-Buttenhausen—a place of peace and reflection.

Le cimetière juif de Münsingen-Buttenhausen, un lieu de calme et de mémoire.

El Cementerio Judío en Münsingen-Buttenhausen, lugar de reposo y rememoración.

Schaunummer bei der herbstlichen »Hengstparade« im Haupt- und Landgestüt Marbach bei Gomadingen.

Showpiece of the horse parade that takes place every autumn at the horse-breeding estate Marbach, near Gomadingen.

Démonstration lors de la parade automnale des étalons au haras de Marbach près de Gomadingen.

Representación en la «Hengstparade» (parada de caballos) en la «Gestüt» principal y campesina en Marbach cerca de Gomadingen.

Winter im Tal der Großen Lauter
bei Gomadingen.

Winter in the valley of the
Great Lauter, near Gomadingen.

L'hiver dans la vallée de la
Grande Lauter près de Gomadingen.

Invierno en el valle del río
Große Lauter cerca de Gomadingen.

Wacholderheide bei Hundersingen.

Juniper heath near Hundersingen.

Lande de genévriers près de
Hundersingen.

Brezales de enebro cerca de
Hundersingen.

Zeltlager im Lautertal.

Recreational camp
in the Lauter Valley.

Campement
dans la vallée de la Lauter.

Campamento en el valle de Lauter.

Eine Schafherde sucht zwischen
Bäumen den Schatten.

A flock of sheep seeks shelter
beneath some trees.

Un troupeau de moutons cherche
l'ombre des arbres.

Un rebaño de ovejas busca sombra
entre los árboles.

Durchs Herbstlaub blitzt der Zwiebelturm der Pfarrkirche Sankt Gallus in Münsingen-Bichishausen.

The onion-shaped dome of the parish church of Saint Gallus in Münsingen-Bichishausen, appearing as a bright flash through the autumn foliage.

Le clocher à bulbe de l'église paroissiale Saint-Gall de Münsingen-Bichishausen brille à travers le feuillage automnal.

A través de las hojas del otoño relampaguea la «torre de cebolla» de la iglesia parroquial Sankt Gallus en Münsingen-Bichishausen.

Der »Spitzige Stein« unterhalb von Münsingen-Bichishausen.

The "Spitzige Stein" (pointed stone) below Münsingen-Bichishausen.

Le rocher «Spitzige Stein» (pierre pointue) en contrebas de Münsingen-Bichishausen.

La «Spitzige Stein» (Piedra Punteaguda) debajo de Münsingen-Bichishausen.

Das Lautertal aus der Vogelschau;
vorn Münsingen-Bichishausen,
lauterabwärts Münsingen-Gundelfingen.

A bird's-eye view of the Lauter Valley;
in the foreground: Münsingen-Bichishausen,
and down-river: Münsingen-Gundelfingen.

Vue plongeante sur la vallée de la Lauter;
au premier plan Münsingen-Bichishausen,
en aval Münsingen-Gundelfingen.

El valle de Lauter desde la mirada de pájaro;
Münsingen-Bichishausen y al fondo
Münsingen-Gundelfingen.

Hohengundelfingen wurde im
12. Jahrhundert als Höhenburg
über dem Lautertal errichtet.

Hohengundelfingen was erected in
the 12th century as a castle
to overlook the Lauter Valley.

Hohengundelfingen fut érigé au
XIIe siècle comme château fort
commandant la vallée de la Lauter.

Hohengundelfingen fue construido
en el siglo XII como un alto castillo
fortificado sobre el valle de Lauter.

Kastanienallee
bei der Wimsener Höhle.

Avenue of chestnuts
at Wimsener Cave.

Allée de châtaigniers
près de la caverne de Wimsen.

Alameda de castaños
cerca de la caverna de Wimsen.

Für die Benediktinermönche schuf der Münchner Baumeister Johann Michael Fischer 1744 bis 1765 das großartige Zwiefalter Münster.
Oben: Gottesdienst am Palmsonntag. Links: Schon von weitem sieht man den zweitürmigen Barockbau.

Between 1744 and 1765 the Munich architect Johann Michael Fischer built the splendid Zwiefalten Cathedral.
Above: Church service on Palm Sunday.
Left: The twin-towered Baroque structure can be spotted from a good distance.

L'architecte munichois Johann Michael Fischer réalisa de 1744 à 1765 la superbe église de Zwiefalten pour les moines bénédictins. En haut: office religieux le dimanche des Rameaux. A gauche: de loin déjà on aperçoit les deux tours de l'édifice baroque.

El maestro de construcción de München, Johann Michael Fischer creó para los monjes benedictinos la maravillosa Colegiata de Zwiefalten entre 1744 y 1765.
Arriba: Misa del Domingo de Ramos. A la izquierda: Desde lejos se ven las dos torres de esta construcción barroca.

Ein Albdorf wie aus dem Bilderbuch: Rechtenstein bei Obermarchtal. Über der Donau erheben sich die schöne Dorfkirche Sankt Georg und die einstige Stammburg der Herren von Stein.

An Alb village, a perfect picture-book image: Rechtenstein, near Obermarchtal. The lovely village church of St George and the castle that was once the main residence of the Lords of Stein rise out of the Danube Valley.

Un village jurassien comme sorti d'un livre d'images: Rechtenstein près d'Obermarchtal. La belle église du village dédiée à Saint-Georges et l'ancien château fort dont sont issus les seigneurs de Stein surplombent le Danube.

Un pueblo de la Alb que parece un libro de imágenes: Rechtenstein cerca de Obermarchtal. Sobre el Danubio se levanta la bonita iglesia de pueblo Sankt Georg (San Jorge) y el que fuera el castillo de donde provienen los señores von Stein.

Das Kloster in Obermarchtal wurde um 770 von fränkischen Adligen gegründet. Die heutigen Gebäude gehen auf die Zeit nach dem Dreißigjährigen Krieg zurück.

The monastery in Obermarchtal was founded by Franconian nobles around the year 770. Today's buildings date back to the period after the Thirty Years' War.

Le couvent d'Obermarchtal fut fondé en 770 par des nobles francs. Les bâtiments actuels furent érigés après la Guerre de Trente ans.

El monasterio en Obermachtal fue fundado en el año 770 por nobles de Franconia. La construcción actual es de la época posterior a la «Guerra de los Treinta Años».

Oben links: Fachwerkbau des ehemaligen Heilig-Geist-Spitals in Ehingen (Donau), heute Heimatmuseum. – Oben rechts: Heroldstatt mit seiner Dorfkirche Peter und Paul. – Unten links: Tor des Renaissance-Schlosses in Erbach. – Unten rechts: Das Heiligenhaus in Laichingen beherbergt heute ein Heimat- und Webereimuseum.

Top left: Half-timbered construction of the former infirmary, the Heilig-Geist-Spital in Ehingen (Danube), today it houses the local heritage museum.—Top right: Heroldstatt with its village church Peter-und-Pauls-Kirche.—Bottom left: Gate of the Renaissance castle in Erbach.—Bottom right: In Laichingen the Heiligenhaus of the old fortified church, has been converted to contain the museum of topography and of the weaver's trade.

En haut à gauche: bâtiment en pan-de-bois de l'ancien hôpital du Saint-Esprit à Ehingen transformé en musée des traditions locales. – En haut à droite: Heroldstatt avec son église paroissiale Saint-Pierre-et-Saint-Paul. – En bas à gauche: portail du château Renaissance d'Erbach. – En bas à droite: Une annexe de l'ancienne église fortifiée de Laichingen abrite aujourd'hui un musée du tissage et des traditions populaires.

Arriba a la izquierda: Construcción con fachada entramada del antiguo Heilig-Geist-Spitals (Hospital del Espíritu Santo), hoy museo de la cultura regional. – Arriba a la derecha: Heroldstatt con su iglesia de pueblo Peter und Paul (San Pedro y San Pablo). – Abajo a la izquierda: Portón del castillo renacentista en Erbach. – Abajo a la derecha: La Heiligenhaus (Casa de los Santos) de la iglesia amurallada en Laichingen acoge hoy un museo de cultura regional y de tejeduría.

Gasthof Mohren

Brennmeister aus Owen

Backfrau mit frischem Krautkuchen in Sankt Johann-Würtingen

Pferdewirt aus Eningen unter Achalm mit zwei Kaltblütern

Frauen beim sonntäglichen Kirchgang in der alten Tracht von Laichingen-Machtolsheim (Aufnahme um 1980)

Müller in der Stadtmühle von Geisingen an der Donau

Vorhergehende Doppelseite: Schelklingen-Hütten im Schmiechtal.

Previous double page: Schelklingen-Hütten in the Schmiech Valley.

Double page précédente: Schelklingen-Hütten dans la vallée de la rivière Schmiech.

Página doble anterior: Schelklingen-Hütten en el valle de Schmiech.

Älbler im traditionellen Bauernkittel

Lokführer im Wutachtal

Gesichter der Alb.

Faces of the Alb.

Visages du Jura souabe.

Rostros de la Alb.

Ein Apfelschimmel wird neu beschlagen

Alb-Schäfer mit Hütehund

Landwirt auf den Härten bei Kusterdingen-Wankheim

Der Hochaltar in der Blaubeurer Klosterkirche von 1493/94 ist ein herausragendes Meisterwerk der deutschen Spätgotik.

The high altar in the monastic church of Blaubeuren, dating 1493/94, is an outstanding masterpiece of German Late Gothic art.

Le maître-autel de l'église du couvent de Blaubeuren date de 1493/94 et est l'un des chefs-d'oeuvre du gothique tardif allemand.

El Altar Mayor en la iglesia del Monasterio de Blaubeuren de 1493/94 es una obra maestra sobresaliente del gótico tardío alemán.

Der 21 Meter tiefe Blautopf, eine der größten Karstquellen Deutschlands, speist sich aus weit verzweigten Unterwasserhöhlen; der Forscher und Taucher Jochen Hasenmayer hat hier 1300 Meter im Berginneren den größten deutschen Höhlensee entdeckt.

The 21-metre-deep Blautopf, one of the largest karst sources in Germany, replenishes itself from extensively branching underwater caves; here, 1,300 metres inside the mountain, the research scientist and diver Jochen Hasenmayer discovered the biggest underground lake in Germany.

Le Blautopf, profond de 21 mètres, l'une des plus grandes sources karstiques d'Allemagne, est alimenté par un vaste réseau de cavités souterraines. Le chercheur et plongeur Jochen Hasenmayer a découvert ici à 1300 mètres le plus grand lac souterrain d'Allemagne.

El Blautopf (la poza del manantial del río Blau), tiene 21 metros de profundidad y es uno de los manantiales de Karst más grandes de Alemania, se nutre del agua de cavernas subterráneas; Jochen Hasenmayer, investigador y buzo ha descubierto después de los 1300 metros la más grande laguna subterránea alemana.

Das Ulmer Münster bildet das Zentrum der alten Reichs- und heutigen Großstadt. Der Bau wurde 1377 begonnen und erst 1890 abgeschlossen. Den höchsten Kirchturm der Welt erklimmt man über 768 Stufen; dort sieht man Wasserspeier aus Sandstein sowie die Turmspitze von innen (Foto oben) und hat einen sagenhaften Ausblick auf die Stadt, die Alb und Oberschwaben.

Ulm Minster stands at the heart of the old Reich town and the modern-day city. Its construction was begun in 1377 and was not completed until 1890. The top of the highest church tower in the world can be reached by climbing 768 steps. Once there, you will discover gargoyles made of sandstone, see the spire from within (top of page), and enjoy a magnificent view of the town, the Alb and Upper Swabia.

La cathédrale d'Ulm est au centre de cette grande agglomération qui était autrefois une ville d'Empire. Sa construction débuta en 1377, mais ne fut achevée qu'en 1890. On accède à la plus haute tour d'église du monde par un escalier de 768 marches. De là on voit les gargouilles en grès et l'intérieur des flèches (photo du haut) et on a une vue fabuleuse sur la ville, le Jura souabe et la Souabe supérieure.

La catedral de Ulm forma el centro de la antigua ciudad imperial y hoy la gran ciudad de Ulm. La construcción empezó en 1377 y terminó recién en 1890. Se puede encaramarse en la torre más alta del mundo de una iglesia subiendo 768 escalones; allí se ven górgolas de piedra arenosa así como la aguja de la torre por dentro (foto de arriba) y tiene una vista de leyenda sobre la ciudad, la Alb y la region de la Suabia Superior.

Bad Urach-Seeburg bildet den ruhenden Pol im wildromantischen »Seeburger Tal«, wie man das obere Ermstal nennt.

Bad Urach-Seeburg is a peaceful spot in the wild and romantic "Seeburger Tal", as the Upper Erms Valley is commonly referred to.

Bad Urach-Seeburg est un pôle de repos dans le «Seeburger Tal» au romantisme sauvage, c'est ainsi que l'on appelle la haute vallée de l'Erms.

Bad Urach-Seeburg forma el tranquilo punto en el romántico y salvaje valle de Seeburg, como se le llama al valle superior del río Erms.

Die »Höllenlöcher« über Dettingen an der Erms sind entstanden, weil sich Felsen zum Tal hin abgespalten haben.

The "Höllenlöcher" (hell's holes), above Dettingen on the Erms owe their formation to the rocks there splitting off towards the valley.

Les «Höllenlöcher» au-dessus de Dettingen an der Erms ont été constitués par la séparation des rochers vers la vallée.

Los «Höllenlöcher» (Huecos del Infierno), sobre Dettingen que se encuentra a orillas del Erms, surgieron porque las rocas se inclinaron en dirección al valle.

Weihnachtliche Stimmung in Bad Urach mit der spätgotischen Amanduskirche und dem Residenzschloss von 1443.

The Christmas spirit in Bad Urach with its Late Gothic church Amanduskirche and the residential palace dating 1443.

Ambiance de Noël à Bad Urach avec vue sur l'église gothique tardive Saint-Amand et le château de 1443.

Atmósfera navideña en Bad Urach con la iglesia del gótico tardío Amandus y el castillo residencial de 1443.

Die Burg Hohenurach, in der ersten Hälfte des 11. Jahrhunderts errichtet, war Sitz der Grafen von Urach, der Erben der Zähringer. 1767 ließ Herzog Carl Eugen die Festung teilweise abbrechen.

Castle Hohenurach, built in the former half of the 11th century, was the residence of the Counts of Urach, heirs to the Zähringer. In 1767 Duke Carl Eugen had the fortress partly demolished.

Le château fort de Hohenurach, érigé dans la première moitié du XIe siècle, était le siège des comtes d'Urach, les héritiers des Zähringer. En 1767 le duc Carl Eugen fit détruire en partie la forteresse.

El castillo fortificado Hohenurach (Alto Urach) construido en la primera mitad del siglo XI fue la sede de los condes de Urach, herederos de la familia de los Zähringer. En 1767 el duque Carl Eugen hizo que destruyeran parcialmente la fortaleza.

Wasser löst das Kalkgestein, lagert den Kalk aber auch wieder ab. So hat der Brühlbach am Uracher Wasserfall eine Schnauze aus Tuff gebildet, von der aus der Bach 37 Meter in freiem Fall und dann noch einmal 50 Meter über mehrere Tuffstufen in die Tiefe rauscht.

Water dissolves limestone but lime is known to reform as deposits. Thus the stream Brühlbach at the Uracher Falls has formed a protrusion made of calcareous tufa. From this point the stream gushes 37 metres in free fall and then a further 50 metres over several tufa steps before plunging into the depths.

L'eau dissout le calcaire, puis le dépose à nouveau. Ainsi le Brühlbach a formé à la cascade d'Urach un bec en tuf depuis lequel le ruisseau se jette en chute libre 37 mètres plus bas, puis encore une fois 50 mètres plus bas par plusieurs paliers de tuf.

El agua disuelve la roca de cal, pero deposita la cal de nuevo. Así el riachuelo de Brühl en las cataratas de Urach ha formado un hocico de toba, desde el cual el riachuelo brama 37 metros en una caída libre y después otra vez 50 metros sobre varios escalones de toba en la profundidad.

Die Falkensteiner Höhle am Beginn des Elsachtals bei Bad Urach ist bis zu einer Länge von etwa 3000 Metern erforscht.

The cave Falkensteiner Höhle, at the beginning of the Elsach Valley near Bad Urach, has been excavated to about a length of three thousand metres.

La grotte de Falkenstein au début de la vallée de l'Elsach près de Bad Urach est explorée sur une longueur d'environ 3000 mètres.

La cueva de Falkenstein al inicio del valle de Elsach cerca de Bad Urach ha sido explorada hasta una longitud de más o menos 3.000 metros.

Der Jusi bei Kohlberg
ist vulkanischen Ursprungs.

The Jusi, near Kohlberg,
is of volcanic origin.

Le Jusi près de Kohlberg
est d'origine volcanique.

El Jusi cerca de Kohlberg
tiene origen volcánico.

Blick von den Höhen um Neuffen
zur Achalm.

View from the heights around
Neuffen towards the Achalm.

Vue depuis les sommets aux
environs de Neuffen vers le Achalm.

El Achalm visto desde las altura
de Neuffen.

Baumblüte am Calverbühl
bei Dettingen an der Erms.

Trees in full blossom
at the Calverbühl,
near Dettingen on the Erms.

Arbres en fleurs sur le Calverbühl
près de Dettingen an der Erms.

Florecimiento de árboles en
Calverbühl, cerca de Dettingen, que
se encuentra a las orillas del Erms.

Metzingen liegt zu Füßen eines rebenbestandenen Vulkanschlots namens Weinberg (488 m). Hier und an den benachbarten Hügeln wurde früher so viel Wein angebaut, dass sieben Keltern nötig waren. Auf der Luftaufnahme kann man sie deutlich erkennen.

Metzingen lies at the foot of the Weinberg (488 m), a vine-clad volcanic cone. There was once so much wine-growing here and on the neighbouring hills that seven wine presses were required. They can be discerned clearly in this aerial view.

Metzingen est situé au pied d'une cheminée volcanique plantée de vignes, le Weinberg (488 m). Autrefois on produisait là et sur les collines voisines tellement de vin qu'on y avait besoin de sept pressoirs. On les reconnaît facilement sur la vue aérienne.

Metzingen queda al pie de una chimenea volcánica con la zona vitícola, el Weinberg (488 metros). Aquí y en las colinas vecinas se producía tanto vino que fueron necesarios siete lagares. Desde la foto aérea se les puede reconocer claramente.

Gezogen von einer Dampflok
aus dem Jahr 1911,
fährt das »Sofazügle« als
Museumseisenbahn
am Hohenneuffen vorbei.

Drawn by a steam engine
dating 1911, the museum train
"Sofazügle" chugs
past Hohenneuffen.

Le train historique « Sofazügle»
tiré par une locomotive à vapeur
de 1911 passe devant
Hohenneuffen.

Jalada por una locomotora de
vapor del año 1911,
corre como tren especial para
amantes de los recorridos en
trenes antiguos, el «Sofazügle»
(trencito del sofa), pasando
delante de Hohenneuffen.

Bergsteiger finden auf der Alb Wände in allen Schwierigkeitsgraden. Um die Natur zu schützen, ist das Klettern allerdings nur an bestimmten Felsen – wie hier beim Hohenneuffen – erlaubt. Unten: Das Freilichtmuseum Beuren macht Kulturgeschichte lebendig.

For climbers the Alb offers the full range of mountainsides—from the very easy to the most difficult. However, to protect nature, mountain climbing is only permitted in certain places, for instance here near Hohenneuffen. Bottom: The outdoor museum Beuren brings the history of civilisation to life.

Les amateurs d'escalade trouvent dans le Jura souabe des parois de toutes difficultés. Néanmoins, pour des raisons de protection de la nature, l'escalade n'est autorisée que sur certains rochers, comme ici près de Hohenneuffen. En bas: Le musée en plein air de Beuren rend vivante l'histoire culturelle.

Montañistas encuentran en la Alb paredes de todo grado de dificultad. Naturalmente, para proteger a la naturaleza, está permitido escalar solamente en determinadas rocas, como aquí cerca de Hohenneuffen (Alto Neuffen). Abajo: El museo al aire libre Beuren hace viva la historia de la cultura.

Deutlich erkennt man auf dieser Luftaufnahme von Neuffen den alten Stadtkern.

The old town centre of Neuffen is clearly visible in this photograph taken from the air.

Sur cette photographie aérienne de Neuffen on distingue clairement la partie ancienne de la ville.

Claramente se reconoce en esta fotografía aérea de Neuffen el casco antiguo de la ciudad.

Nürtingen liegt auf einem Bergsporn über dem Neckar.

Nürtingen lies on a mountain protuberance above the Neckar.

Nürtingen est implanté sur un éperon rocheux au-dessus du Neckar.

Nürtingen se encuentra sobre un monte en forma de espolón sobre el río Neckar.

Die Max-Eyth-Straße in Kirchheim unter Teck. Im Kornhaus (links, erbaut um 1550) zeigt heute das Städtische Museum seine Sammlungen.

The street Max-Eyth-Straße in Kirchheim under Teck. In the corn exchange (left, built around 1550) the local museum exhibits its collections.

La rue Max-Eyth-Straße à Kirchheim unter Teck. Le grenier à blé construit en 1550 (à gauche) renferme aujourd'hui les collections du musée municipal.

La Max-Eyth-Straße en Kirchheim bajo el monte Teck. En la casa del grano (a la izquierda, construida en 1550) muestra hoy el museo municipal sus colecciones.

Auf der Teck (775 m) errichteten die Herzöge von Teck im 12. Jahrhundert eine Burg, die im Bauernkrieg 1525 niedergebrannt wurde. 1941 ging die Ruine in den Besitz des Schwäbischen Albvereins über, der nach dem Zweiten Weltkrieg den markanten Aussichtsturm und ein Wanderheim gebaut hat.

In the 12th century the Dukes of Teck built a castle on the Teck (775 m) which was burned down in 1525, during the Peasants' Rising. In 1941 the ruins were handed over to the Swabian Alb Society which was responsible for the construction of the striking outlook-tower and a hikers' refuge after the Second World War.

Les ducs de Teck se firent construire au XIIe siècle sur le Teck (775 m) un château fort qui fut incendié pendant la guerre des Paysans en 1525. En 1941 le Schwäbischer Albverein devint propriétaire de la ruine et y construisit après la Deuxième Guerre mondiale une tour-belvédère à la silhouette marquante et un refuge pour promeneurs.

Sobre el Teck (775 metros) construyeron los duques de Teck en el siglo XII un castillo fortificado, que fue incendiado durante la Guerra Campesina en 1525. En 1941 pasó a manos de la Asociación de la Schwäbische Alb, que construyó después de la Segunda Guerra Mundial la destacada Torre-Mirador y un refugio para caminantes.

Der Albtrauf mit der Teck.

The Albtrauf with the Teck.

La paroi rocheuse du Jura souabe
avec le Teck.

El margen abrupto de la Alb
con el Teck.

Die Burgruine Reußenstein über dem Neidlinger Tal vom Flugzeug aus gesehen.

The castle ruins of Reußenstein, above the Neidlinger Valley, seen from an aeroplane.

Les ruines du château fort de Reußenstein au-dessus de la vallée de Neidlingen vues d'avion.

La ruina del Castillo Reußenstein sobre el valle de Neidlingen, fotografía aérea.

Das Randecker Maar bei Bissingen-Ochsenwang ist ein ehemaliger Vulkankrater mit mehr als einem Kilometer Durchmesser.

The Randecker Maar, near Bissingen-Ochsenwang, a former volcanic crater with a diameter of over a kilometre.

Le « Randecker Maar », près de Bissingen-Ochsenwang est un ancien cratère de volcan de plus d'un kilomètre de diamètre.

El Randecker Maar cerca de Bissingen-Ochsenwang es un antiguo cráter volcánico con más de un kilómetro de radio.

Auf einem weiteren Vulkanschlot findet man das Schopflocher Moor, das einst als Torfgrube genutzt wurde und heute mit seiner Hochmoor-Flora unter Naturschutz steht.

On another volcano cone lies the Schopflocher Moor, where peat was once cut and where today the mountain bog flora is under official protection.

Sur une autre cheminée volcanique se trouve le «Schopflocher Moor», qui fut autrefois exploité comme tourbière et où la flore de fagne d'altitude fait aujourd'hui l'objet d'une protection.

En una chimenea volcánica vecina se encuentra la Ciénaga de Schopfloch, que antes fue usada como turbera y hoy con su flora de ciénaga alta es zona natural protegida.

Links: 1912 errichtete der Albverein auf dem Römerstein (872 m) einen Aussichtsturm. – Rechts oben: Römerstein-Zainingen liegt in einem Maar, einem vulkanischen Explosionstrichter. Hier ist der Untergrund wasserundurchlässig, deshalb sammelte sich an der tiefsten Stelle der Regen in einer »Hüle«, an der man das Vieh tränkte. – Rechts unten: Wiesensteig, die alte Stadt der Helfensteiner, gehörte von 1627 bis 1806 zu Bayern. Die zweitürmige Pfarrkirche Sankt Cyriacus stammt aus dem 15. Jahrhundert.

Left: In 1912 the Swabian Alb Society erected an outlook-tower on the Römerstein (872 m).—Right above: Römerstein-Zainingen is situated in a volcanic crater. Here the ground below is impermeable and thus rainwater collected at the lowest point in a hollow, serving as a watering place for animals.—Right below: Wiesensteig belonged to Bavaria from 1627 to 1806. The parish church of St Cyriacus has its origins in the 15th century.

A gauche: en 1912 le Schwäbischer Albverein fit ériger sur le Römerstein (872 m) une tour-belvédère. – A droite en haut: Römerstein-Zainingen se trouve dans un cratère d'origine volcanique. Le sol est ici imperméable de sorte que l'eau s'est accumulée en son point le plus profond dans une mare dite «Hüle», dans laquelle les animaux venaient boire. – A droite en bas: Wiesensteig appartint de 1627 à 1806 à la Bavière. L'église paroissiale Saint-Cyriaque avec ses deux tours remonte au XVe siècle.

A la izquierda: En 1912 construyó la Asociación de la Schwäbische Alb sobre el monte Römerstein (Piedra de los Romanos, 872 m) una torre-mirador. – A la derecha arriba: Römerstein-Zainingen se encuentra en un lago seco, con la forma de un embudo que fue originado por una explosión volcánica. Aquí el subsuelo es impermeable, por eso la lluvia se acumula en los lugares más profundos en una «Hüle», donde antes abrevaba agua el ganado. – A la derecha abajo: Wiesensteig perteneció a Bavaria de 1627 a 1806. La iglesia parroquial Sankt Cyriacus con sus dos torres tiene su origen en el siglo XV.

Geislingen an der Steige,
die Fünftälerstadt,
aus der Luft gesehen.

Geislingen an der Steige,
town of five valleys,
seen from the air.

Geislingen an der Steige,
la ville des cinq vallées
vue du ciel.

Geislingen an der Steige
(en la subida),
la ciudad de los cinco valles,
vista desde el aire.

Der Hohenstaufen (links) bei Göppingen war der Stammsitz des mächtigen mittelalterlichen Geschlechts der Staufer. Zusammen mit dem Hohenrechberg (Mitte) und dem Stuifen (rechts) zählt der Hohenstaufen zu den drei so genannten Kaiserbergen.

The castle on the mountain Hohenstaufen (left), near Göppingen was the main residence of the powerful Staufer. Along with Hohenrechberg (middle) and Stuifen (right), Hohenstaufen belongs to the three so-called "Kaiserberge", or Emperor Mountains.

Le Hohenstaufen (à gauche) près de Göppingen était le berceau de la puissante famille médiévale des Staufer.
Avec le Hohenrechberg (au centre) et le Stuifen (à droite) il fait partie des « Montagnes impériales».

El monte Hohenstaufen (a la izquierda) cerca de Göppingen era la sede de la poderosa familia medieval de los Staufer. Junto con el monte Hohenrechberg (al centro) y el monte Stuifen (a la derecha) pertenece el Hohenstaufen a los tres así llamados Montes del Emperador.

Das Liebenstein-sche Stadtschloss in Göppingen, heute Städtisches Museum.

The Liebenstein-sche Stadtschloss in Göppingen, today the local museum.

Le château de Liebenstein dans la ville de Göppingen, aujourd'hui musée municipal.

El Castillo Liebenstein en Göppingen, hoy museo municipal.

Das Neue Schloss in Donzdorf.

The castle Neue Schloss in Donzdorf.

Le nouveau château à Donzdorf.

El Neues Schloss (Castillo Nuevo) en Donzdorf.

Das Schloss in Geislingen-Eybach.

The castle in Geislingen-Eybach.

Le château de Geislingen-Eybach.

El Castillo en Geislingen-Eybach.

Das Wäscherschlösschen bei Wäschenbeuren.

The Wäscherschlösschen near Wäschenbeuren.

Le Wäscherschlösschen près de Wäschenbeuren.

El Wäscherschlösschen (Pequeño Castillo de Lavadores) cerca de Wäschenbeuren.

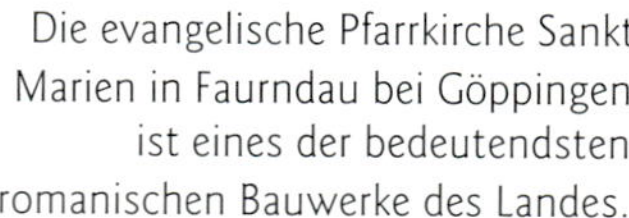

Die evangelische Pfarrkirche Sankt Marien in Faurndau bei Göppingen ist eines der bedeutendsten romanischen Bauwerke des Landes.

The Protestant parish church St Marien in Faurndau, near Göppingen, is one of the most significant Romanic buildings in the region.

L'église protestante Sankt Marien à Faurndau près de Göppingen est l'une des églises romanes les plus importantes du pays.

La iglesia parroquial evangélica Sankt Marien en Faurndau cerca de Göppingen es una de las construcciones románicas más significativas del país.

Das ehemalige Benediktinerkloster Lorch geht auf den ersten Staufer zurück, Herzog Friedrich I., der es im Jahr 1102 auf einem Berg über der Rems an der Stelle einer sehr alten Pfarrkirche gründete.

The former Benedictine monastery Lorch dates back to the first in the line of Staufer, Duke Friedrich I, who founded it in the year 1102 on a mountain overlooking the Rems, where there once stood a very old parish church.

L'ancien couvent bénédictin de Lorch remonte au premier Staufen, le duc Friedrich Ier, qui le fonda en 1102 sur une montagne au dessus de la Rems à l'emplacement d'une très ancienne église paroissiale.

El que fuera Convento Benedictino de Lorch fue fundado por el primer Staufer, el duque Friedrich I, quien lo hizo construir encima de un monte sobre el río Rems en el mismo lugar donde se encontraba una antigua iglesia parroquial.

Schmiedeeisernes
Wirtshausschild
in Schwäbisch Gmünd.

Wrought iron
pub sign
in Schwäbisch Gmünd.

Une enseigne
d'auberge
en fer forgé
à Schwäbisch Gmünd.

Letrero forjado
en hierro
de un mesón
en Schwäbisch Gmünd.

Schwäbisch Gmünd ist die älteste staufische Stadt in Schwaben; sie hatte als Reichsstadt einst die doppelte Steuerkraft von Ulm. Auf dem Bild sieht man rechts die frühmittelalterliche »Grät«, die zunächst als Rathaus, dann als Kaufhaus diente, und links das Rathaus von 1763.

Schwäbisch Gmünd is the oldest of the Staufer towns in Swabia and as a town in the old German Reich its tax revenue was once double that of Ulm. On the right in the picture you can see the early mediaeval "Grät". Once serving as a town hall, it later became a departmental store. On the left in the picture, the town hall of 1763.

Schwäbisch Gmünd est la plus ancienne ville des Staufen en Souabe et avait autrefois en tant que ville d'Empire un droit d'imposition qui était le double de celui d'Ulm. Sur l'image on voit à droite le «Grät» du début du Moyen Age, qui servit d'abord d'hôtel de ville, puis de halle, et à gauche l'hôtel de ville de 1763.

Schwäbisch Gmünd es la más antigua ciudad de los Staufen en Suebia y tenía antes como ciudad imperial doble capacidad fiscal que Ulm. En la foto se ve a la derecha la «Grät» de la Edad Media Temprana, que primero fue utilizada como Ayuntamiento y después como Grandes Almacenes y a la izquierda vemos el Ayuntamiento de 1763.

Café·Bistro
EXTRABLATT
ATLAS
REISEN

Von der Burg Hohenrechberg, die 1865 durch Blitzeinschlag und anschließenden Brand zerstört wurde, hat man einen wunderbaren Ausblick auf die Ausläufer des Rehgebirges.
Rechts: Blick vom Hornberg bei Waldstetten-Weilerstoffel auf die drei Kaiserberge; links der Stuifen, in der Mitte der Hohenstaufen, rechts der Rechberg.

From castle Hohenrechberg which, in 1865, was hit by lightning and destroyed by the ensuing fire, you have a wonderful view of the spurs of the Rehgebirge. Right: View from Hornberg, near Waldstetten-Weilerstoffel, towards the three Kaiserberge; on the left—Stuifen, in the middle—Hohenstauffen, on the right—Rechberg.

Depuis le château fort de Hohenrechberg, détruit en 1865 par l'impact de la foudre et l'incendie qui s'ensuivit, on a une vue magnifique sur les abords du Rehgebirge. A droite: vue depuis le Hornberg près de Waldstetten-Weilerstoffel sur les trois «Montagnes impériales»: à gauche Stuifen, au milieu Hohenstaufen et à droite Rechberg.

Desde el castillo fortificado Hohenrechberg, que fue destruido cuando en 1865, le cayó un rayo que fue seguido por un incendio, se tiene una maravillosa vista sobre la estribación de la Rehgebirge (Sierra del Venado). A la derecha: Vista desde el Hornberg (Monte del Cuerno) cerca de Waldstetten-Weilerstoffel en dirección a los tres Kaiserberge (Montes del Emperador); a la izquierda el Stuifen, en el centro el Hohenstaufen y a la derecha el Rechberg.

Skurrile Felsformen trifft man im Wental bei Steinheim am Albuch.

You will come upon strange rock formations in the Wen Valley, near Steinheim am Albuch.

On rencontre dans le Wental près de Steinheim am Albuch des rochers aux formes bizarres.

Extravagantes formaciones rocosas se encuentran en Wental cerca de Steinheim en el Albuch.

Die Reiterleskapelle im Christental bei Lauterstein, am Pass zwischen Schwarzhorn und Graneggle, wurde 1714 von einem Bauern namens Reiter erbaut. Damit erfüllte er ein Gelübde, das er ablegte, als ihm an dieser Stelle der »Holzbockeler« erschienen war, der Geist des hundert Jahre zuvor als gewalttätiger Ortsherr von Winzingen bezeugten Hauptmanns von Roth. Die Wetterfahne der Kapelle zeigt den »Holzbockeler« als wilden Reiter.

The chapel Reiterleskapelle, in the Christen Valley near Lauterstein, at the pass between Schwarzhorn and Graneggle, was built in 1714 by a farmer by the name of Reiter. By building this chapel he fulfilled the pledge he had sworn when the "Holzbockeler" appeared to him upon this very spot. The apparition was that of Captain von Roth, the fierce and brutal local Lord of Winzingen, who had lived a hundred years before. On the weather vane of the chapel the "Holzbockeler" is depicted as a wild horseman.

La chapelle «Reiterleskapelle» dans le Christental près de Lauterstein, sur le col entre Schwarzhorn et Graneggle, fut construite en 1714 par un paysan du nom de Reiter. Il exauça ainsi un voeu qu'il avait fait quand à cet endroit lui était apparu le «Holzbockeler», le fantôme du capitaine von Roth mis en cause par les témoignages comme un magistrat ayant commis des violences cent ans auparavant à Winzingen. La girouette de la chapelle représente le «Holzbockeler» sous la forme d'un cavalier sauvage.

La Reiterleskapelle (Capilla del Querido Reiter) en el Christental (Valle de los Cristianos) cerca de Lauterstein, en el paso entre Schwarzhorn y Graneggle, fue construida en 1714 por un campesino de apellido Reiter. Así cumplió él una promesa que había hecho cuando en este lugar se le apareció el «Holzbockeler», el fantasma del violento señor del pueblo de Winzingen, von Roth, que como está certificado, también era capitán. La veleta de la capilla muestra al «Holzbockeler» como un jinete salvaje.

Junger Uhu (Bubo bubo)

Fuchs (Vulpes vulpes)

Flusskrebs (Astacus fluviatilis) im oberen Ermstal bei Seeburg

Bläulinge (Lycaenidae)

Tiere der Alb.

Animals of the Alb.

Des animaux du Jura souabe.

Animales de la Alb.

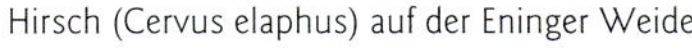

Hirsch (Cervus elaphus) auf der Eninger Weide

Steinmarder (Martes foina)

In der Eiszeit diente die Vogelherdhöhle im Lonetal Tieren und Menschen als Wohnraum oder Unterschlupf. 1931 fand man hier 30 000 Jahre alte Tierfiguren aus Mammut-Elfenbein, die zu den ältesten Kunstwerken der Erde gehören.

In the Ice-age the Vogelherd Cave in the Lone Valley served as living quarters or shelter for humans and animals.
In 1931 animal figures made of mammoth ivory and dating back 30,000 years, were discovered here. They represent some of the oldest pieces of art on earth.

A l'époque glaciaire la grotte du Vogelherd dans le Lonetal servit d'habitat ou d'abri aux animaux et aux hommes.
En 1931 on y trouva des figurines animales en ivoire de mammouth vieilles de 30 000 ans, qui font partie des oeuvres d'art les plus anciennes de la terre.

En la Edad de Hielo sirvió la Vogelherdhöhle (Cueva del Horno de Aves) en el valle de Lone como vivienda o refugio para seres humanos y para animales. En 1931 se encontraron aquí figurillas de animales de marfil de mamut con una antigüedad de 30.000 años, que son unas de las más antiguas obras de arte de la tierra.

Im Brenztal südlich von Herbrechtingen, dem so genannten Eselsburger Tal, blicken die sagenumwobenen »Steinernen Jungfrauen« als bizarre Kalkfelsgebilde auf die Sonntagsausflügler.

In the section of the Brenz Valley south of Herbrechtingen, the so-called Eselsburger Tal, you will find bizarre chalky crag formations: The "Steinerne Jungfrauen", surrounding whom there is much myth and legend, look out over Sunday day-trippers.

Dans le Brenztal au sud de Herbrechtingen, aussi appelé «Eselsburger Tal», les curieuses formations calcaires des rochers entourés de légende des «Steinerne Jungfrauen» (les vierges de pierre) contemplent les promeneurs du dimanche.

En el valle de Brenz, al sur de Herbrechtingen, el así llamado valle de Eselsburg (Castillo del Burro), miran las «Steinernen Jungfrauen» (Vírgenes Petrificadas), a los excursionistas de los domingos. Estas bizarras figuras de rocas calcáreas están entretejidas por leyendas.

HAUX

Die Burg in Dischingen-Katzenstein stammt in wesentlichen Teilen noch aus der Zeit der Romanik.

The castle in Dischingen-Katzenstein derives in its essential parts from the Romanic period.

Le château fort de Dischingen-Katzenstein date pour une part importante encore de l'époque romane.

El Castillo fortificado en Dischingen-Katzenstein (Piedra de los Gatos) tiene en algunas partes substanciales sus orígenes en el tiempo románico.

Das Härtsfeld bei Neresheim-Elchingen im Spätsommer.

Härtsfeld, near Neresheim-Elchingen in late summer.

Le Härtsfeld près de Neresheim-Elchingen à la fin de l'été.

El Härtsfeld (Prado Seco) cerca de Neresheim-Elchingen a fines de verano.

Vorhergehende Doppelseite: Von Schloss Hellenstein, das auf eine staufische Burganlage zurückgeht, hat man einen guten Ausblick über Heidenheim an der Brenz.

Previous double page: From Castle Hellenstein, which dates back to a castle of the Staufer period, you have a good view of Heidenheim on the Brenz.

Double page précédente: Du château de Hellenstein, qui remonte à un château fortifié des Staufen, on a une belle vue sur Heidenheim an der Brenz.

Página doble anterior: Desde el Castillo Hellenstein, cuyos orígenes se encuentran en un castillo fortificado de los Staufen, se tiene una buena vista sobre Heidenheim a las orillas del Brenz.

Rekonstruierter römischer Wachturm im Limes-Freilichtmuseum bei Rainau-Buch.

Reconstructed Roman watchtower in the Limes Outdoor Museum near Rainau-Buch.

Une tour de guet romaine reconstituée dans le musée du limes près de Rainau-Buch.

Torre de vigilancia de los romanos reconstruida en el museo al aire libre de Limes, cerca de Rainau-Buch.

In Neresheim wurde 1747 bis 1792 an der Stelle einer Klosterkirche aus dem 11. Jahrhundert nach Plänen Balthasar Neumanns die Abteikirche der Heiligen Ulrich und Afra errichtet – wahrhaft der Inbegriff barocker Kirchenbaukunst und ein Bauwerk von europäischem Rang.

In Neresheim, at the site of an 11th century monastic church, the abbey church of St Ulrich und Afra was erected in the years between 1747 and 1792 according to plans drawn up by Balthasar Neumann. This building is certainly the very embodiment of the Baroque art of church construction and ranks with the best in Europe.

A Neresheim on construisit de 1747 à 1792, à l'emplacement d'une église conventuelle du XIe siècle, l'église abbatiale Sankt Ulrich und Afra sur les plans de Balthasar Neumann – véritable quintessence de l'architecture religieuse baroque et une oeuvre architecturale de rang européen.

En Neresheim se construyó de 1747 a 1792 en el lugar de la iglesia de un convento del siglo XI, según los planos de Balthasar Neumann la Iglesia de la Abadía de San Ulrich y Afra, verdaderamente una expresión del arte barroco arquitectónico eclesiástico y una obra de construcción de rango europeo.

In der ehemaligen Reichsstadt Aalen krönt eine Figur von Kaiser Joseph I. den Marktbrunnen. Am Turm des Alten Rathauses sieht man oberhalb der Uhr den Kopf des legendenumrankten »Aalener Spions«.

In the former, old German Reich town of Aalen the market fountain is crowned by a figure depicting Emperor Joseph I. Upon the tower of the old town hall the head of the legendary "spy of Aalen" can be seen above the clock.

Dans l'ancienne ville d'Empire d'Aalen une statue de l'empereur Joseph Ier surmonte la fontaine sur la place du Marché. Sur la tour de l'ancien hôtel de ville on voit au-dessus de l'horloge la tête du légendaire «espion d'Aalen».

En la que fuera ciudad imperial de Aalen, reina en la fuente de la plaza del mercado, una figura del emperador Joseph I. En la torre del ayuntamiento antiguo se puede ver encima del reloj la cabeza del legendario «espía de Aalen».

Inmitten eines englischen Parks bei Dischingen erhebt sich Schloss Taxis, das die Fürsten von Thurn und Taxis im 18. Jahrhundert errichten ließen.

Amidst English park gardens near Dischingen stands Castle Taxis, which the Princes of Thurn and Taxis built in the 18th century.

Près de Dischingen s'élève au milieu d'un parc à l'anglaise le château de Taxis, que les princes de Thurn und Taxis firent ériger au XVIIIe siècle.

En medio de un parque inglés cerca de Dischingen se levanta el Castillo de Taxis, que hizo construir los príncipes de Thurn y Taxis en el siglo XVIII.

Das Deutschordensschloss Kapfenburg bei Lauchheim geht in seinen ältesten Teilen bis ins 10. Jahrhundert zurück.

In its oldest parts the castle of the German Order Kapfenburg, near Lauchheim, dates back to the 10th century.

Le château fort de l'Ordre Teutonique de Kapfenburg près de Lauchheim remonte dans ses parties les plus anciennes jusqu'au Xe siècle.

El castillo de la orden alemana Kapfenburg cerca de Lauchheim tiene su origen en sus partes más antiguas en el siglo X.

Der Zeugenberg Ipf (668 m) bei Bopfingen war bereits in der Jungsteinzeit besiedelt. Im 6. Jahrhundert v. Chr. befand sich hier ein Fürstensitz; die hallstattzeitlichen Befestigungsanlagen sind noch gut zu sehen.

The Zeugenberg Ipf (668 m) near Bopfingen already had settlements in the Neolithic Age. In the 6th century B. C. there was a royal residence here; the fortifications of the Hallstatt period are clearly to be seen.

La butte-témoin de Ipf (668 m) près de Bopfingen était déjà occupée pendant la période néolithique. Au VIe siècle av. J.-C. elle était le siège d'une principauté; sa fortification de l'époque hallstattienne est encore bien visible.

El monte Testigo Ipf (668 metros), cerca de Bopfingen ya se encontraba poblado en la Edad de Piedra Temprana. En el siglo VI antes de Cristo se encontraba aquí la sede de un principado; las instalaciones fortificadas de la época de Hallstatt todavía se pueden ver bien.

Die ehemalige Reichsstadt Nördlingen bildet den Mittelpunkt des Rieskraters und die Verbindung zwischen der Schwäbischen und der Fränkischen Alb. Die mittelalterliche Altstadt wird von einer vollständig erhaltenen Stadtmauer umschlossen.

Formerly a town of the old German Reich, Nördlingen forms the centre point of the Ries crater and the connection between the Swabian and Franconian Albs. The mediaeval town is enclosed by a completely intact town wall.

L'ancienne ville d'Empire de Nördlingen forme le point central du cratère du Ries et la liaison entre le Jura souabe et le Jura franconien.
Le centre historique médiéval est entouré de son mur d'enceinte totalement conservé.

La que fuera ciudad imperial Nördlingen forma el punto central de la caldera del Ries y la unión entre la Schwäbische Alb y la Alba franca. El centro antiguo medieval se encuentra rodeado por una muralla que está totalmente conservada.

Die Schwäbische Alb

Von Fritz Schray

Die Schwäbische Alb ist eine der einheitlichsten und ausgeprägtesten natürlichen Landschaften Deutschlands. Sie ist Teil eines zusammenhängenden, 800 Kilometer langen Mittelgebirges, das vom Oberlauf der Rhône bis zum Main reicht und zu dem der Französische Jura, der Schweizer Jura, die Schwäbische Alb und schließlich die Fränkische Alb gehören.

»Schwäbische Alb« wird der Teil genannt, der sich in einer Länge von 250 Kilometern und einer Breite von 40 Kilometern von Schaffhausen, wo der Rhein am Rheinfall das Juragebirge durchbricht, bis zum Meteoritenkrater des Nördlinger Rieses und bis zur Wörnitz im Nordosten erstreckt.

»Montes albi« (weiße Berge), heißt es, hätten die Römer diesen Gebirgszug genannt, später »Alpes Suevorum« (Alpen der Schwaben) zur Unterscheidung von der Bergwelt der Alpen. Daraus wurde dann später der Begriff »Schwäbische Alb«, der schon im 17. Jahrhundert gebraucht wurde und sich mit Gustav Schwabs Alb-Klassiker »Die Schwäbische Alb mit besonderer Berücksichtigung der Neckarseite« (1878) endgültig durchsetzte. Manche Sprachforscher deuten den Namen aus der keltischen Wortwurzel »albh« (weiß sein, glänzen). Schließlich wurde das Wort in Zusammenhang mit »Alm« (Hochwiese, hochgelegenes Gelände) gebracht. Irreführend wurde dann der Begriff »rau(h)e Alb«, weil ja mit rau ursprünglich nicht das Klima gemeint ist, sondern »unebenes, hügeliges Land«.

Auch hinsichtlich der Ausdehnung gab es bis vor 50 Jahren verschiedene Auffassungen, denn da lernte man in den schwäbischen Schulstuben noch, die Schwäbische Alb reiche vom Dreifaltigkeitsberg bei Spaichingen bis zum Ipf bei Bopfingen.

Wo sich die weiten Hochflächen erstrecken und weiße Kalkfelsen in den Himmel ragen, geht man auf einstigem Meeresgrund. Der ganze Jurazug von der Rhône bis zum Main ist der Stein gewordene Boden eines Meeres, das einmal einem Weltmeer glich, dann wieder einer flachen See mit vielen Buchten, an dessen Strände Palmfarne wuchsen und in dessen Flachwasserzonen sich einst die Saurier aalten. In Jahrmillionen wurde dieser Meeresboden emporgehoben, durchstoßen und durchbrochen. Die Ausformung der Landschaft bis zum heutigen Erscheinungsbild geschah im Zusammenspiel der »innerbürtigen« Naturkräfte, die aus dem Erdinnern heraus wirken, und der »außenbürtigen«, auf der Erdoberfläche angreifenden Kräfte, also von Sonne, Wasser, Hitze, Frost, Wind.

Über tausend Meter mächtig sind die Ablagerungen aus Kalk, Sand und Schlamm, die in der Jurazeit, vor 180 bis 130 Millionen Jahren, in klimatisch wechselnden Perioden aufgeschichtet wurden. Unzählige Tiere und Pflanzen – Schnecken, Austern, Ammoniten, Ichthyosaurier, Meereskrokodile, rochenähnliche Haie, Riesenlibellen, Korallen, Samenfarne, Seelilien – sind in diesem Gestein eingeschlossen.

Viele Forscher haben diese eingeschlossenen Tiere und Pflanzen meisterhaft aus ihrem Steingrab herausgearbeitet, aus dem Ölschiefer um Holzmaden bei Kirchheim unter Teck und aus den Nusplinger Plattenkalken. Von ihnen haben wir detaillierte Kenntnisse von diesen Fossilien.

Nur von Norden her erkennt man mit der »blauen Mauer« der Gesteinsschichten die Alb als Gebirge, von Süden her erscheint sie nur als ein allmählich ansteigendes Hügelland. Einst hat die Alb bis fast nach Stuttgart gereicht. Dann wurde sie von Flüssen abgetragen, die den Steilrand schufen und ihn in zahlreiche Talschluchten und Bergvorsprünge zersägten. Nur die Zeugenberge blieben stehen, von den Geologen so genannt, weil sie bezeugen, dass das Gebirge einst einmal mindestens bis zu diesen isolierten Kegeln mit den besonders harten Deckschichten gereicht hat: die drei Kaiserberge Hohenstaufen, Rechberg, Stuifen, die Achalm und der Georgenberg, der Zoller, der Hohenkarpfen, der Hohenlupfen und andere, ja sogar die höchsten Albberge Lemberg und Oberhohenberg. Sie bestehen nicht nur aus Jurakalk, sondern können auch vulkanischen Ursprungs sein.

Regenwasser enthält Kohlendioxid, und dieses löst den Kalk des Alb-Gesteins. Deshalb gibt es auf der Schwäbischen Alb viele unterirdische Hohlräume und Höhlen. Das Wasser, das durch die Fugen, Spalten und Klüfte einsickert, erweitert diese Hohlräume ständig. Der Fachmann nennt diesen Vorgang Verkarstung.

Ein weiteres leistet dann die Erosion, wenn Wasser durch diese Hohlräume fließt. Auf der Albhochfläche ist es schon so weit gekommen, dass die oberirdischen Gewässer in die Tiefe versickern und Trockentäler zurücklassen. Die unterirdischen Wasserläufe speisen so genannte Karstquellen am Fuße der Alb, etwa den Blautopf, den Brenztopf, den Großschmiedebrunnen oder den Wulfbach. Das spektakulärste Naturphänomen einer solchen Versickerung ist die »Donauversinkung« zwischen Immendingen und Möhringen, wo an bis zu 200 Tagen im Jahr der ganze Fluss in der Tiefe verschwindet, sodass man drei Kilometer trockenen Fußes durchs Donaubett gehen kann. 60 Stunden später kommt das Donauwasser in der zwölf Kilometer entfernten Aachquelle wieder zutage und fließt dann dem Rhein zu. Übrigens erweitert auch der gefällreichere Neckar sein Einzugsgebiet immer mehr, nachdem er schon die Eschach, die einst zur Donau entwässert hat, zu sich umgelenkt hat.

Die Verkarstung war die Ursache dafür, dass auf der Albhochfläche Wassernot herrschte. Das kostbare Nass musste von den Hausdächern in Zisternen gesammelt werden, und das Vieh wurde aus »Hülben« oder »Hülen« getränkt, Dorfweihern, die entweder besonders angelegt waren oder deren Untergrund aus wasserundurchlässigem Vulkangestein bestand. Wasserfuhrwerke holten in langen, steilen Fahrten das Wasser aus den Tälern herauf, ehe dann 1870/71 die ersten Pumpen und Hochbehälter gebaut wurden.

Durch die Verkarstung bilden sich unter der Erdoberfläche Hohlräume. Manchmal brechen sie ein, dann entstehen an der Erdoberfläche Dolinen (Erdfälle), kreisrunde Vertiefungen, die man überall auf der Alb antrifft.

Und: Mehr als 1000 Höhlen zählt man auf der Alb. Etliche sind als Schauhöhlen ausgebaut und faszinieren mit ihrer reichen Tropfsteinausstattung die Besucher. Die Höhlen dienten einst Tieren als Unterschlupf und Sterbeplatz (Bärenhöhle). Aber auch Steinzeitmenschen haben darin gewohnt. Tierfiguren aus Mammut-Elfenbein, die in der Vogelherdhöhle im Lonetal gefunden wurden, werden auf ein Alter von 30 000 Jahren geschätzt. Sie gehören zu den ältesten Kunstwerken der Menschheit überhaupt. In der Jägerhaushöhle bei Beuron wurden die ganzen Siedlungsschichten der Mittelsteinzeit freigelegt. Die Ausgrabungen in den Höhlen belegen mit den Werkzeugen und Waffen das Leben der Menschen in jener Zeit, und aus den Knochenfunden können die Tiere bestimmt werden, die damals gejagt wurden: Mammut, Rentier, Nashorn, Wisent, Wildpferd. Verschiedene historische Romane erzählen Geschichten aus jener Zeit: »Rulaman«, »Die Feuerjäger«, »Die Mammutjäger vom Lonetal«.

In der Jungsteinzeit (5000 bis 2500 v. Chr.) begannen die ersten Menschen auf der Alb Ackerbau und Viehzucht zu betreiben. Die Sesshaftwerdung des Menschen und damit die Umgestaltung der reinen Naturlandschaft in Kulturlandschaft begann. Angebaut wurden Einkorn, Emmer, Hülsenfrüchte und Lein. Auch wurden schon Rinder, Schweine, Schafe und Ziegen als Haustiere gehalten. Archäologen konnten auf der Alb eine Anzahl jungsteinzeitlicher Siedlungsplätze freilegen. Dabei wurden auch Steinhacken und Pflugscharen gefunden.

Aus der Zeit der Kelten (8. bis 1. Jahrhundert v. Chr.) stammen die monumentalen Grabhügel und die großartige Anlage der Heuneburg am Rande der Alb, aber auch Höhensiedlungen bei Upflamör, Gomadingen, auf dem Dreifaltigkeitsberg, auf dem Gräbelesberg bei Balingen und auf dem Ipf bei Bopfingen. Überall im Lande verstreut entdeckt man die keltischen Viereckschanzen. Die größte Verteidigungsanlage gegen die von Norden kommenden Germanen entstand mit dem Heidengraben bei Grabenstetten.

Die Römer nützten den Nordrand der Alb in den Jahren 80 bis 85 n. Chr. zur Anlage von Kastellen zum Alb-Limes, der sich von Burladingen über Heidenheim bis Oberdorf am Ipf erstreckte, bevor sie ihr Reich weiter nach Norden ausdehnten. Als dann ab der zweiten Hälfte des 3. Jahrhunderts die Alamannen die Römer zurückdrängten, wurde die Alb geradezu dicht besiedelt. Aufschluss darüber geben die vielen Reihengräberfriedhöfe, die Archäologen gefunden haben, und die Ortsnamen, die auf »-ingen« enden. Die Alamannen legten auch befestigte Höhensiedlungen an, wie zum Beispiel auf dem Runden Berg bei Bad Urach.

Was die Schwäbische Alb besonders auszeichnet, sind die vielen mittelalterlichen Burgen auf den natürlichen Felsbastionen, Felsnadeln und Felstürmen, den Zeugenbergen und an den schroffen Steilabfällen des Albtraufs. Die höchsten Adelsgeschlechter des Mittelalters – die Staufer, Hohenzollern, Helfensteiner, Zähringer, Fürstenberger und Hohenberger – hatten ihre Höhenburgen auf exponierten Bergen der Alb. Aber auch die Herrschaften des niederen Adels zeigten ihre Macht durch wehrhafte Gemäuer. Man denke hier nur an die wie Perlen aufgereihten Burgen im Donautal und Lautertal.

Ebenfalls im Mittelalter, nach der Christianisierung der Alb ab dem 6. Jahrhundert, entstanden bedeutende Klöster und großartige Kirchenbauten: Beuron, Heiligkreuztal, Zwiefalten, Obermarchtal, Blaubeuren, Lorch, Faurndau, Neresheim, das Ulmer Münster und viele andere.

Die Schwäbische Alb war jahrhundertelang Bauernland, obwohl die Böden teilweise sehr steinig und karg waren. Von Bedeutung war auch die Schafhaltung und eine hervorragende Pferdezucht im Haupt- und Landgestüt Marbach mit seinen Filialen in Sankt Johann und Offenhausen.

Bei Wanderungen auf der Alb stößt man ab und zu auf Vertiefungen und lange Gräben mit Lehmfüllungen. Hier wurde nach Bohnerz gegraben. An verschiedenen Orten entstanden Hütten- und Eisenwerke, in denen dieses Bohnerz, zum Teil auch Braunjura-Erz, verhüttet wurde: in Heidenheim, Königsbronn, Wasseralfingen und Unterkochen, im Lauchert-tal, in Tiergarten, Tuttlingen und Blumberg. Viele Menschen fanden als Erzgräber und Erzwäscher Arbeit, als Holzhauer und Köhler. Da die Hochöfen mit Holz beheizt wurden, fielen dieser Eisenindustrie die Albwälder zum Opfer. Es gibt Anzeichen dafür, dass schon die Kelten und Römer Bohnerz gruben und in einfachen Schmelzöfen aus Lehm und Steinen verhütteten. Von Anfang des 15. Jahrhunderts an lassen sich dann Eisenhütten auf der Alb nachweisen.

Die Industrialisierung begann mit den Hüttenwerken, später jedoch verlagerte sich der Schwerpunkt auf die Feinmechanik, aufs Tüftler- und Erfindertum. Von daher kommen die wichtigsten Industriezweige: Präzisionswaagen, chirurgische Instrumente, die Nadelherstellung, Drehteile, optische Instrumente und Musikinstrumente, Modelleisenbahnen und in neuerer Zeit weltweit bedeutsame Medizintechnik. Gleichzeitig mit der Entwicklung von Textilmaschinen bahnte sich die Fertigung hochwertiger Textilien selbst an, deren Hersteller heute weltbekannt sind. Zu den Industriepionieren der Alb zählen neben vielen anderen Philipp Matthäus Hahn, Margarethe Steiff, Theodor Groz und Carl Zeiss.

Neben der Fülle von landschaftlichen Sehenswürdigkeiten, mittelalterlichen Städten und Dörfern, Burgen, Schlössern, Kirchen und Museen ist die Schwäbische Alb auch ein Eldorado für den Botaniker, der in den Pflanzengesellschaften der

Steppenheide, der Trockenrasen, der Gesteinsfluren und Felsköpfe seltenste Pflanzen entdecken kann, umgaukelt von seltenen Schmetterlingen. Im Naturpark Obere Donau und in vielen Naturschutzgebieten versucht man, die Lebensräume der Pflanzen zu erhalten. Dort nisten inzwischen auch wieder Uhu und Wanderfalke.

Man unterscheidet drei große Teile der Schwäbischen Alb, nämlich die »West-Alb«, die sich steil aus dem Wutachtal erhebt und bis zur Linie Reutlingen–Sigmaringen reicht. Die Mittlere Alb geht bis zur Linie Göppingen–Ulm und die Ostalb bis zum Nördlinger Ries. In die Gliederung miteinbezogen wird auch immer das entsprechende Albvorland im Nordwesten vor dem Steilabfall mit den Zeugenbergen (Albausliegerbergen). Diese Großräume können nun für die Betrachtung der landschaftlichen Feingliederung und der geologischen Besonderheiten in kleinere Natur- und Kulturräume untergliedert werden.

Randen-, Wutach-, Hegau- und Baaralb

Vom Buchberg (876 m) bei Blumberg aus hat man eine wunderbare Aussicht auf das »Wutach-Knie«, die Ablenkung der Wutach-Donau zum Rhein, und hinüber zum Weißjura-Gebirgsstock des Schaffhauser Randen. Blumberg war von 1936 bis 1940 Bergbaustadt mit dem groß angelegten Abbau von Doggererzen. Auch der Ausblick vom nördlichsten der Hegau-Vulkane, dem Wartenberg (844 m), lohnt sich: Man überblickt große Teile der Baaralb mit Fürstenberg und die »Länge« genannte Höhe über der Baarhochmulde mit der jungen Donau. Bei Geisingen, dem historischen Marktstädtchen, dringt das Flüsschen in den »schwäbischen Kalk« ein, bei Immendingen versinkt es dann aber in den Spalten und Klüften der Hegaualb, und das Wasser reißt zur zwölf Kilometer entfernten Aach aus.

Beim altwürttembergischen Tuttlingen spricht man vom Eckpfeiler der »schwäbischen« Alb. Die nach einem Brand 1803 am Reißbrett entworfene klassizistische Stadt ist heute Weltzentrum der Medizintechnik. Der Honberg, Wahrzeichen der Stadt (erbaut 1460), war die erste Grenzfestung der Württemberger zur Absicherung gegen Südwesten.

Oberes Donautal und Großer Heuberg

Hinter Tuttlingen hat die Donau beim Durchbruch durch die Südwestalb ein wildromantisches Tal geschaffen. Dieses Idealbild einer Fluss- und Felsenlandschaft zählt zu den schönsten Landstrichen Deutschlands. Hier ist auch das Zentrum des Naturparks Obere Donau. Im Tal liegen die mittelalterlichen Städtchen Mühlheim und Fridingen.

Rechts begleitet die Hochfläche der »Eck« mit dem großen bäuerlichen Freilichtmuseum in Neuhausen das Donautal, links erhebt sich die Hochfläche des Großen Heubergs mit der Mühlheimer Felsenhöhle und der Kolbinger Höhle. Am Aufstieg befindet sich die Wulfbachquellhöhle, die bis in eine Tiefe von 6,5 Kilometer erforscht ist und als die längste Höhle der Schwäbischen Alb gilt. Zum Großen Heuberg zählt auch der Dreifaltigkeitsberg (983 m) mit der spätbarocken Wallfahrtskirche bei Spaichingen und das Klippeneck (955 m) am Steilabfall der Alb ins Primtal. Fast 2000 Stunden im Jahr scheint hier die Sonne. Westwärts überblickt man das Albvorland mit dem Hohenkarpfen (917 m) und dem Lupfen (977 m).

Nördlich davon befindet sich die »Hohe Schwabenalb« mit dem Lemberg (1015 m), dem höchsten Berg der Schwäbischen Alb, um den sich weitere zehn Albberge gruppieren, die tausend Meter und höher sind. Man spricht da von der »Region der zehn Tausender«. Dazu gehört auch der Oberhohenberg (1011 m), auf dem einst die Burg des großen Geschlechts der Hohenberger stand. »Heidentor« und »Götzenaltar« erinnern an die einst dichte Besiedlung des Heubergs zur Keltenzeit.

Doch zurück ins Donautal, wo jetzt die Glanzpunkte folgen: das Biedermeier-Rokoko-Schlößchen Bronnen und die Benediktinerabtei Beuron mit dem weltberühmten Palimpsest-Institut und der Klosterkirche im »Style Regence«, der in Süddeutschland Barock und Rokoko verbindet. Links oben auf der Hochfläche die Holzwiesen des Naturschutzgebietes Irndorfer Hardt. Im zerklüfteten Felsental zählt man über 50 Höhlen und Grotten.

Überm Tal jetzt auf den steilen Felspartien der Burgenkranz: die Burg Wildenstein mit der Erinnerung an die »Zimmersche Chronik«, das Minnesänger-Schloss Werenwag, die Ruine Wagenburg, die imposant aus dem Wald blitzenden »Schaufelsen« und die Ruine »Gebrochen Gutenstein«. Nun fließt der Fluss Sigmaringen zu, der ehemaligen Residenzstadt mit der prachtvollen Silhouette des Schlosses der Fürsten von Hohenzollern-Sigmaringen.

Zollernalb und Balinger Berge

Links geht es das Schmeie-Tal aufwärts in die Zollernalb und die Balinger Berge. Lochenstein (963 m), Hörnle (956 m) und Raichberg (956 m) heißen die schönsten Aussichtsberge. Der Gräbelesberg (916 m) trug in vorgeschichtlicher Zeit eine bedeutende Befestigung. Im Vorland liegen Balingen mit dem Zollernschloss und dem Waagen-Museum sowie das edelvornehme Hechingen mit zwei bedeutenden Kirchen, nämlich der klassizistischen ehemaligen Stiftskirche und der ehemaligen Klosterkirche St. Luzen mit der einmaligen Renaissance-Ausstattung.

Und dann natürlich der hoch aufragende, zinnenreiche Hohenzollern – die dritte Burg auf diesem Berg, ein Familiendenkmal, das der preußische König Friedrich Wilhelm IV. erst 1850 bis 1867 errichten ließ. Heute dient die Burg mit ihren wertvollen Kunstsammlungen als Museum und bildet eine der großen europäischen Touristenattraktionen.

Reutlinger, Uracher und Neuffener Alb

Nordöstlich führt uns der Weg nach Reutlingen (102 000 Einwohner) mit der Marienkirche, einem der imposantesten mittelalterlichen Gotteshäuser Schwabens. Reutlingen ist die Stadt des Nationalökonomen und Eisenbahnpioniers Friedrich List (1789–1846) und des Pfarrers und sozial engagierten Unternehmers Gustav Werner (1809–1877), der für seine Schützlinge die Fabriken der »Gustav-Werner-Stiftung zum Bruderhaus« gründete. Auf der Achalm vor den Toren der Stadt lebte HAP Grieshaber (1909–1981), der große Holzschneider, dessen ganzes Schaffen mit der Schwäbischen Alb zutiefst verbunden ist. Auf dem zwölf Meter langen »Sturmbock« hat er in 13 Bildern die ganze Geschichte Reutlingens geschildert.

In Metzingen wurde einst so viel Weinbau betrieben, dass man sieben Keltern benötigte, die man alle an einem zentralen Platz errichtete. Hier befindet man sich auf dem »Schwäbischen Vulkan«, der vor 15 Millionen Jahren aktiv war und der über 150 Vulkanschlote gebildet hat. Der Jusi gleich östlich von Metzingen ist einer davon.

Bad Urach zeigt ein historisch-mittelalterliches Stadtbild mit Fachwerkhäusern, der spätgotischen Basilika (Stiftskirche), dem Residenzschloss und der Burgruine Hohenurach. Touristische Anziehungspunkte sind hier auch der Uracher Wasserfall und das Wellenbad »Aquadrom«. Mit der Olgahöhle, der Nebelhöhle und der Bärenhöhle rings um das Schloss Lichtenstein sowie mit der Falkensteiner Höhle, der Schillerhöhle (das ist die »Tulka-Höhle« aus David Friedrich Weinlands Jugendbuch-Klassiker »Rulaman«), der Gutenstein- und der Gussmannshöhle gilt dieser Teil der Alb als Höhlenparadies.

Als gewaltige Festung thront auf einem Felsklotz die Ruine der Burg Hohenneuffen über dem wein- und obstgesegneten »Täle«, das sich im Frühling in weiße Obstblütenpracht hüllt. Die Herren von Neuffen waren Gefolgsmänner der Staufer, und Gotfried von Nifen trat um 1250 als Minnesänger in Erscheinung. Die Burgruine Teck der »Herzöge von Teck«, die nie ein Herzogtum besaßen, muss man vom Rauber aus am Gelben Fels vorbei erwandern, wenn man urtümliche Alb erleben will.

In diesem Bereich der mächtigen Ruinen liegt auch der Reußenstein am Ende des Neidlinger Tales, eines der Lieblingsziele der Stuttgarter. Wanderwege verbinden ihn mit der Schertelshöhle und dem Römerstein. Ganz in der Nähe liegt auch das Randecker Maar, das in seiner ursprünglichen Form am besten erhaltene Maar des tertiären Vulkanismus des Schwäbischen Vulkans.

Münsinger und Zwiefalter Alb

Münsingen ist als Alamannensiedlung schon für Ende des 3. Jahrhunderts nachgewiesen. Im Münsinger Schloss einigte sich Graf Eberhard im Bart mit seinem Vetter Eberhard dem Jüngeren 1482 im »Münsinger Vertrag« darüber, dass die beiden Württemberger Landeshälften »zu ewigen zeiten ungetailt als ain wesen« wieder vereinigt werden. Zum Gedenken daran wurden die württembergischen Wahlsprüche »Hie gut Württemberg allweg« und »Furchtlos und treu« als Inschrift angebracht.

Im Naturschutzgebiet Beutenlay findet der Botaniker ein aufgeschlagenes Anschauungsbuch über alles, was grünt und blüht auf der Alb. Man sollte eigentlich auf der Alb auch das Verweilen entdecken, sollte geruhsam durch die Wacholderheiden und die Laubwälder gehen, die Steppenheideflora und die seltenen Pflanzen der Trockenrasen und Felsköpfe entdecken: Karthäusernelke, Küchenschelle, Enziane, Türkenbund und Orchideen, Reckhölderle und Felsennelke, Frauenschuh und Waldvögelein, Wildrosen und die Silberdistel.

Unweit von Münsingen wird bei Böttingen der Schwäbische Marmor gebrochen, ein Gestein aus dem Tertiär, das früher sogar zu Schmuckstücken geschliffen wurde. Berühmter ist der Gauinger Marmor, der sich in der Nähe von Zwiefalten in den Süßwasserkalken der oberen Süßwassermolasse gebildet hat.

Die Große Lauter entspringt im einstigen Garten der Äbtissin von Gnadenzell. Zwischen dem Gestüt Marbach im Norden und dem Kloster Obermarchtal im Süden ist an dem mäandernden Flüsschen eine ganze Perlenkette von Burgen aufgereiht: Hohenhundersingen, Hohen- und Niedergundelfingen, Derneck, Schülzburg, Maisenburg, Wartstein ... Von Indelhausen geht eine Straße über die Höhe nach Hayingen, wo im Sommer Freilichtspiele stattfinden, zur Wimsener Höhle, die auf 80 Meter Länge mit dem Nachen befahrbar ist. Hier entspringt die Zwiefalter Aach, die nach Zwiefalten mit der prächtigen Benediktinerabtei führt, Höhepunkt der Barockbaukunst im Gleichklang von Architektur und Malerei.

Seltsame Namen tauchen hier auf: Landgericht heißt ein Bergrücken westlich von Ehingen, benannt nach einer im Jahr 1208 bezeugten Gerichtsstätte. Und weil die Württemberger inmitten eines katholischen Gebietes eine Enklave bildeten, tragen die Erhebungen im Südwesten von Schelklingen den Namen »Lutherische Berge«.

Blaubeurer und Ulmer Alb

Im gut 20 Meter tiefen Blautopf in Blaubeuren, der Quelle des Flüsschens Blau, tritt das Karstwasser aus einem rund 175 Quadratkilometer großen Einzugsgebiet zu Tage. Nach der Schneeschmelze kann die Schüttung bis zu 26 000 Liter pro Sekunde betragen; dann rauscht der Topf gewaltig. Am Blautopf wurde übrigens auch der erste Spatenstich für die Albwasserversorgung getan. In der Blaubeurer Klosterkirche gleich neben dem Blautopf befindet sich ein wunderschöner Hochaltar, der als das Vollkommenste gilt, was schwäbische Kunst in dieser Gattung hervorgebracht hat.

Neandertaloide Menschen siedelten schon vor 100 000 Jahren in der »Großen Grotte« unterm Rusenschloss. Jünger sind die

Funde aus der Brillenhöhle über der Blaubeurer Aach und aus der Sirgensteinhöhle. Das jetzige Blautal samt dem Aachtal war vor dem Höhepunkt der Rißeiszeit eine vielfach gewundene Schleife der Urdonau. 25 Kilometer nördlich von Blaubeuren liegt die berühmte Laichinger Tiefenhöhle.

In Ulm bewundert man das gotische Münster mit dem höchsten Kirchturm der Welt (161 m), das historische Rathaus mit der astronomischen Uhr, das Fischer- und Gerberviertel und die Altstadt mit Stadtmauer und Metzgerturm, Schwörhaus, Zeughaus, Kornhaus und schönen Brunnen.

Göppinger und Geislinger Alb mit den Kaiserbergen

Eng ins Filstal eingezwängt liegt Wiesensteig mit der schönen Pfarrkirche Sankt Cyriacus und dem Renaissanceschloss der Helfensteiner, die sich hier am längsten gehalten haben. Bad Ditzenbach, Bad Überkingen – Mineralwasserquellen sorgen im oberen Filstal für Kur- und Badebetrieb. Etwas weiter in Richtung Göppingen liegt Bad Boll, dessen Badebetrieb seit 1920 in Händen der Herrnhuter Brüdergemeinde liegt.

In Geislingen treffen fünf Täler zusammen. Von der Ulmer Herrschaft (1382–1810) zeugen der Herrschaftliche Fruchtkasten, das Alte Rathaus und ulmische Kunst in der Stadtkirche. Auf einem Bergsporn sieht man die Reste der Helfensteiner-Burg. Mit der »Steige«, dem 1847 bis 1850 erbauten Albaufstieg der Eisenbahnlinie Stuttgart–Ulm, begann die Industrialisierung; die Württembergische Metallwaren-Fabrik (WMF) mit ihren Bestecken und Küchen-Accessoires hat Geislingen weit über die deutschen Grenzen hinaus bekannt gemacht. Dasselbe gilt für Göppingen mit dem Modelleisenbahn-Hersteller Märklin. In Göppingen-Hohenstaufen findet man die Ruine der Stammburg der Staufer, des mächtigsten Herrschergeschlechts im 11. bis 13. Jahrhundert, dessen Einflussbereich sich bis Sizilien erstreckt hat. Ein Dokumentationsraum informiert über die staufische Geschichte. Sehenswert ist auch die Barbarossakirche in Hohenstaufen, die auf eine alte Jakobskirche zurückgeht.

Da erinnert man sich auch gleich an Schwäbisch Gmünd, die älteste Stauferstadt, mit ihren mittelalterlichen und barocken Bürgerhäusern und dem Heilig-Kreuz-Münster, der ältesten Saalkirche Süddeutschlands. Etwas südlich von Gmünd erheben sich die beiden »Kaiserberge« Stuifen und Rechberg. Südöstlich von Heubach lockt der sagenumwobene Rosenstein zu einem Besuch. Lange vor dem Bau der mittelalterlichen Burg haben hier schon die Kelten eine Fliehburg angelegt.

Albuch und Heidenheimer Alb

Dieser Bereich der Alb weist eine Vielzahl von geologischen Besonderheiten auf. Im Wental trifft man in einem Trockental ein Felsenmeer und die absonderlichsten Felsgebilde, von denen das »Wentalweible« am bekanntesten ist. Das rätselhafte Steinheimer Becken wurde vor 15 Millionen Jahren durch den Einschlag eines Meteors geschaffen.

Ein weiteres Naturdenkmal ist das Heldenfinger Kliff. Hier ist im Massenkalk des Weißen Jura eine Brandungshohlkehle mit vielen Bohrmuschellöchern aufgeschlossen. Ein tertiäres Molassemeer im Voralpentrog, das von Süden her auf die Alb heraufreichte, hinterließ vor rund 20 Millionen Jahren eine von der Brandung geschaffene Steilküste, deren Klifflinie von Tuttlingen über Münsingen bis Heldenfingen als markante Stufe zu erkennen ist, ganz besonders eben bei Heldenfingen und Altheim. Diesen Teil der Alb bezeichnet man auch als Stubersheimer Alb.

Steinheim liegt am »Albuch«, einem ausgedehnten Waldgebiet zwischen Stubental, Brenz, Rems und Rosenstein. An seinem Ostrand liegt Königsbronn, in dessen Zisterzienser-Kloster die Mönche schon im 14. Jahrhundert die Erlaubnis zur Bohnerzverhüttung erhielten. Der Brenztopf in der Nähe zählt zu den schönsten Quelltöpfen der Alb.

Im Albuch bei Bartholomä und Rötenbach gibt es eine geologisch-botanische Besonderheit zu entdecken, die »Rau(h)e Wiese«, eine Moorheide auf Feuersteinlehm. In diesem Raum befindet man sich auch auf der Wasserscheide Rhein/Donau mit Quelltöpfen, Trockentälern, Hungerbrunnen und Dolinen.

Heidenheim bietet Sehenswürdigkeiten mit Schloss Hellenstein, der spätgotischen Michaeliskirche und Fachwerkhäusern. In Aalen sind lohnenswerte Ziele die Johanneskirche, schöne Fachwerkbauten und Museen: das Geologisch-Paläontologische Museum, das Heimat- und Schubartmuseum sowie das Limesmuseum.

Härtsfeld und südlicher Riesrand

Am Nordrand des Härtsfelds verläuft der Steilabfall des Albtraufs von Wasseralfingen über die Kapfenburg bis Bopfingen. Ihm vorgelagert sind die letzten Zeugenberge, der Goldberg und der markante Ipf, der spätestens in keltischer Zeit Befestigungsanlagen erhielt.

Mit dem Härtsfeld und den sanft zur Donau abfallenden Hügeln läuft die Schwäbische Alb nach Osten aus.

Das Härtsfeld ist die sprichwörtliche Landschaft des Lichts und der Weite, gekrönt von der Neresheimer Abteikirche des Benediktinerklosters. Während man Neresheim »Schwäbisch Bethlehem« heißt, hat Balthasar Neumann mit dieser Kirche sein genialstes Werk, die letzte Steigerung des Barock, geschaffen, den »Thronsaal Gottes«. In die alles krönende Mittelkuppel hat Martin Knoller den »Nersheimer Himmel« gemalt, die großartige, geradezu furiose »Anbetung der Dreifaltigkeit«.

Am Ost-Ende des Härtsfelds schlug vor 15 Millionen Jahren ein Meteor ein und hinterließ einen Riesenkrater: das Ries.

Nördlingen beeindruckt mit seinem mittelalterlichen Stadtkern und der vollständig erhaltenen Stadtmauer. Am Rand des Rieskraters entwickelten sich die Landschaft und eine Zeit lang auch die Pflanzen- und Tierwelt anders als auf der restlichen Alb, wie das die seltenen Einschlüsse und Versteinerungen belegen. Mit Höhen um 450 m ist das Ries zur Kornkammer geworden, während der Westrand wieder Höhen um 700 m aufweist und ganz die Albflora zeigt.

Man bezeichnet den Rieskrater als den vom Himmel gefallenen Schlusspunkt der Schwäbischen Alb und schließlich die Wörnitz als Grenzfluss.

Wer die Alb durchwandern will, der kann auf den Wegen des Schwäbischen Albvereins gehen. Zwei große Wanderwege verbinden Tuttlingen und Donauwörth – der Schwäbische-Alb-Nordrandweg (HW 1) und der Schwäbische-Alb-Südrandweg. Auf beiden Wegen lernt man die Schwäbische Alb in ihrer ganzen Vielfalt kennen. Die Schwäbische Albstraße für Touristen folgt ebenfalls dem lang gestreckten Zug der Schwäbischen Alb von Südwesten (Tuttlingen) nach Nordosten (Nördlingen). Dazu kommen kürzere touristische Straßen wie die Hohenzollernstraße, die Straße der Staufer oder der Albteil der Oberschwäbischen Barockstraße. Schließlich führen viele Radwanderwege über die Schwäbische Alb, so der Schwäbische-Alb-Weg, der Alb-Neckar-Weg und der Hohenlohe-Ostalb-Weg. Für die Wanderwege, touristischen Straßen und Randwanderwege gibt es genaue Beschreibungen.

Ein Leben reicht nicht aus, um die letzten Schönheiten der Schwäbischen Alb zu erfahren und die tiefsten Geheimnisse zu ergründen. Auch die in dieser Beschreibung vorgenommene Auswahl von Zielpunkten ist naturgemäß subjektiv. Mancher wird etwas vermissen, das ihm beachtenswert erscheint, ein anderer wird diesen oder jenen angesprochenen Punkt nicht für attraktiv genug erachten.

Wie viele Geheimnisse gilt es noch zu lüften, wenn es um die urzeitlichen Tiere geht, vom »Schwäbischen Lindwurm«, der vor 200 Millionen Jahren im Albvorland bei Trossingen in den Knollenmergel eingeschlossen wurde, bis zu den »Meerengeln« der Nusplinger Plattenkalke und die Ichthyosaurier von Holzmaden, die vor 150 Millionen Jahren in den Juraschichten abgelagert wurden.

Auch über die Höhlenmenschen weiß man noch nicht allzu viel. Und welch reiche Funde birgt auch jetzt noch die Erde der Alb aus der Zeit menschlicher Besiedelung der Jungsteinzeit, der Kelten- und Römerzeit, der Germanen- und Alamannenzeit bis ins Mittelalter! Wieviel aus den Überlieferungen des menschlichen Lebens und Wirkens, der Sitten, der Sprache, der Sagen und Geschichten ist noch zu dokumentieren! Immer wieder entdeckt man Geheimnisse im Leben der Pflanzen und im Zusammenwirken in den verschiedenen Lebensräumen. Noch immer gibt es Wunderland am Wegesrand.

»Gleich bleibt gar nichts«, heißt es einmal, alles ist Verwandlung. Ihr nachzuspüren, ist eine nie zu vollendende Aufgabe.

Foreword

by Theo Müller, Vice President of the Swabian Alb Society

The Swabian Alb is a special secondary mountain range. It represents the biggest karst region in Germany and includes many phenomena that are typical for this form of landscape such as landfalls, dry valleys, swallow holes and countless caves and caverns. More than 30,000 years ago, people already lived here in caves that were suitable for this purpose. Not only do the bones of animals they hunted serve as evidence, but also pieces of art such as animal figures carved from mammoth ivory and the oldest known music instrument—a flute made from the wing bone of a swan. The dwellers of the Palaeolithic Age were hunters and gatherers, who hardly left their mark on the landscape; however this changed when they began to settle in the Neolithic Age. From this point onwards, in the course of thousands of years, the landscape has undergone transformation by farming folk and shepherds. It is through their activities and toil that this diverse and fascinating cultivated region of the Swabian Alb, as we know and love it today, has gradually emerged.

Here valleys, carved deeply into the land, alternate with wide expanses of the Alb's gently undulating uplands. Amidst its woodlands, fields and meadows sparsely vegetated heaths extend upon the ridges and slopes, dotted with willow-trees and juniper, the air there filled with the aromatic fragrance of thyme and other herbs and, in summer, illuminated by the flowery suns of the silver thistle. Here, too, rough and rugged, brightly shining rocks are to be found on the flanks of the slopes, from where positively intoxicating views are to be had—right down into the valleys or out over the Alb foreland. In addition, nature's provision is uniquely rich in plant and animal life, but also in signs of the development of the landscape. Indeed, evidence of former land use can hardly be overlooked and the countless numbers of cultural monuments are all worthy of note. With its great scenic diversity and rough beauty it is not surprising that many people come the Swabian Alb for hiking and other leisure activities. Visitors find it a wonderful landscape for both relaxation and recreation.

In 1888 the Swabian Alb Society was founded with the aim of providing the Alb with walks and public footpaths. Today it is responsible for the upkeep of a network of such paths covering over 23,000 kilometres. These footpaths pass through attractive landscapes, often leading to exceptional locations. In this way they serve to direct the stream of visitors so as to secure areas of unspoiled nature. With a membership of around 120,000 the Swabian Alb Society is the largest society of its kind in Europe. Not only does it support and encourage hiking, it also aims to conserve nature in the region and preserve the cultivated landscape, its customs and traditions; thus it is a highly diverse regional society. Apart from being responsible for the network of footpaths, it also maintains 24 hikers' retreats and 23 outlook towers. All these responsibilities can only be fulfilled with the help and support of its huge number of volunteers. The work they does not only benefit society members but also the general public.

The impressive and evocative photographs in this illustrative volume and their accompanying texts are a fine and sensitive portrayal of the austere beauty of the Swabian Alb, making clear just how valuable a treasure it is to us. For this, many thanks to the authors and to the publishers Silberburg-Verlag. May the book serve as an impulse to many readers to explore the Swabian Alb for themselves; may it also keep alive the memory of unique experiences they had there and thus motivate them take an active interest in maintaining the beauty of the Alb.

The Swabian Alb

by Fritz Schray

The Swabian Alb is one of the most homogeneous and distinct landscapes in Germany. It is part of an eight-hundred-kilometre chain of secondary mountains that stretches from the Rhône to the Main and includes the French Jura and the Swiss Jura Mountains, the Swabian and finally the Franconian Albs. "Swabian Alb" refers to the section covering a length of 250 kilometres and a width of 40 kilometres extending from Schaffhausen, where the Rhine breaks through the Jura Mountains at the Rhine Falls, to the meteorite crater known as the "Nördlinger Ries".

Where today expansive plains lie and chalky crags reign, there once existed 180 to 130 million years ago in the Jurassic Age, a giant sea, its shores lined with tree-ferns, its shallow waters the saurian's domain. Here the deposits of lime, sand and mud are over a thousand metres in depth and contain great amounts of flora and fauna.

Only viewed from the north is the Alb's rock strata, known as the "blaue Mauer" (the blue wall), recognisable as a mountainous range. From the south it appears as a gradually ascending hillscape. At one time the Alb extended much further to the north, where it was progressively eroded by rivers to create the steep face which was subsequently broken down into the countless gorges and craggy protuberances of today's landscape. The only mountainous formations of old still standing are the "Zeugenberge" (literally translated, "Witness Mountains"), isolated cones possessing a particularly hard surface layer: the three so-called "Kaiserberge" (Emperor Mountains)—Hohenstaufen, Rechberg and Stuifen, the Achalm and Georgenberg, Zoller, Hohenkarpfen, Hohenlupfen and various others.

As rainwater contains carbon dioxide, it is responsible for dissolving the Alb's limestone and creating its many subterraneous hollows, caves and caverns. Here the water that seeps through the cracks, crevices and fissures causes further erosion, thus constantly enlarging the already existing cavernous spaces. The technical term for this process is karst development. Many bodies of water above ground seep down through the surface leaving valleys parched. The most spectacular natural phenomenon of this kind is the Danube seepage between Immendingen and Möhringen, where for up to two hundred days a year the whole river disappears so that it is possible to walk three kilometres along the Danube riverbed without getting your feet wet.

There are over a thousand caves in the Alb, a whole range of which have been made accessible to the public, fascinating visitors with their many stalagmites and stalactites. The caves once served for sheltering animals and housing Stone Age man. Animal figures carved out of mammoth, discovered in the Vogelherd Cave in Lone Valley, are estimated to date back thirty thousand years. They are thus examples of the very oldest pieces of art in existence.

In the Neolithic period (5,000 to 2,5000 B. C.) Alb dwellers began agricultural and stock farming. This marked the starting point of the transformation of the natural land- scape into a cultivated landscape. A whole range of Neolithic settlements have been discovered on the Alb. Monumental grave mounds and quadrangular forts date back to the Celtic Age (eighth to first century B. C.).

The Romans used the northern face of the Alb between 80 and 85 A. D. for the construction of fortifications for their Alb limes which stretched from Burladingen via Heidenheim on the Ipf before they extended their empire further to the north.

When in the latter half of the third century the Alemanni drove back the Romans, the Alb literally became densely populated. This is evident in the many burial grounds with their typical arrangement of graves in rows that archaeologists have found here and in the presence of towns with names ending in "-ing".

Everywhere on the rocky needles and crags of the Alb, on the Zeugenberge and on the steep, rugged face of the Albtrauf castles and strongholds are to be found. The highest nobility of the Middle Ages—the Staufer, Hohenzollern, the Helfensteiner, Zähringer, Fürstenberger and the Hohenberger, all had their castles and strongholds high up on the exposed mountains of the Alb. However, ruling nobility of lower birth also gave a show of their power in the castles and strongholds they built.

It was also in the Middle Ages that significant monasteries and splendid churches were erected, among many others those at Beuron, Heiligkreuztal, Zwiefalten, Obermarchtal, Blaubeuren, Neresheim as well as Ulm Minster.

Over the centuries the Swabian Alb served as farmland for ancient settlements although the soil was stony and poor and there was a shortage of water. Sheep farming and horse-breeding were also of significance in the region.

Industrialisation began in the fifteenth century with the development of iron-forges where the iron-rich ore of the region was smelted. Later industry specialised in precision mechanics and even today precision scales, surgical instruments, rotary parts, needle production, optical instruments, musical instruments and medical technology play a great rôle. The development of textile machinery went hand in hand with that of the production of high quality textiles themselves, the manufacturers of which are now world-renowned.

A distinction is made between the West Alb, which rises sharply from the Wutach Valley, south of the Black Forest on the border to Switzerland and which extends as far as Reutlingen/Sigmaringen, the Middle Alb stretching to the level of Göppingen/Ulm, and the East Alb which stops at the Nördlinger Ries. Also classified here is the area lying before the steep slope in the north-west of the region.

Between Randen and Baar

From the mountain Buchberg (876 m), near the town of Blumberg, you can enjoy a magnificent view of Wutach Gorge and Randen Mountain near Schaffhausen. The view from the northernmost point of the volcanic region Hegau, the mountain Wartenberg (844 m), is also well worth a visit: From here you can look over a good section of the Baar Alb and the valley cradling the young Danube. The latter disappears down into cracks and fissures at Immendingen to emerge into daylight again sixty hours later and twelve kilometres to the south, at the source of the Aach. Only gradually does the riverbed of the Danube refill as the river reaches Tuttlingen. After the town fire of 1803 Tuttlingen underwent redevelopment right from the drawing board and was rebuilt in the Classic style. Today the town is considered an international centre of medical technology.

Upper Danube Valley and Great Heuberg

Upon its emergence out of the mountains of the Alb after Tuttlingen the Danube flows through the wild and romantic valley it has created and which ranks as one of the most beautiful parts of Germany. In the valley lie the little mediaeval towns of Mühlheim and Fridingen. To the right of the Danube Valley the elevated plains of "Eck" are situated, where the big rural open-air museum is to be found in Neuhausen. To the left the elevated plain of Great Heuberg rises. Within its slope is the Wulfbachquellhöhle, the cave in which the Wulfbach has its source and which, already explored to a depth of 6.5 kilometres, is thought to be the longest in the Swabian Alb. A mountain also belonging to Great Heuberg is Dreifaltigkeitsberg with its Late Baroque church of pilgrimage in Spaichingen and the cliff protuberances of "Klippeneck" that rise up out of the plains. From here you can look out over the land around the Alb and Hohenkarpfen and Hohenlupfen Mountains. To the north lies the region "Hohe Schwabenalb" (High Swabian Alb), boasting the highest mountain in the Swabian Alb, the Lemberg (1,015 m), around which ten other mountains with an altitude of a thousand metres or more are grouped.

Now descending again into the Danube River Valley, the following great attractions are worthy of mention: the little Biedermeier-Rococo castle Bronnen, the Benedictine abbey Beuron, Wildenstein Castle, the minnesinger castle Werenberg, the Wagenburg ruins, the "Schaufelsen", a rock formation that imposingly appears amidst the woods like a flash of lightning and the "Gebrochen Gutenstein" ruins. The river then flows on towards Sigmaringen, former residential seat, with its splendid silhouette of the castle of the Princes of Hohenzollern-Sigmaringen.

Zollernalb and Balinger Berge

To the left we now move up from the Schmeie Valley to the Zollernalb and the Balinger Berge, the finest of which for their views are Lochenstein (963 m), Hörnle (956 m) and Raichberg (956 m). In the area below lie both the town of Balingen with its castle Zollernschloss and its Balances and Scales Museum as well as the noble and distinguished town of Hechingen with its former monastery church St Luzen, unique for its Renaissance interior. In addition, of course, here, a rich source of tin, the Hohenzollern rises high out of the landscape. The third castle on this mountain is a family monument, which the Prussian king Friedrich Wilhelm IV did not have erected until the years between 1850 and 1867. Today the castle serves as a museum for its valuable collection of art and rates as one of Europe's great tourist attractions.

Reutlinger, Uracher and Neuffener Albs

To the north-east, the path leads to Reutlingen (102,000 inhabitants) where you can visit one of the most impressive churches in Swabia, dating back to the Middle Ages. Up on the Achalm, outside the town gates lived HAP Grieshaber (1909—1981), the great woodcarving artist whose entire work is inextricably linked with the Swabian Alb.

At one time there was so much winegrowing around Metzingen that seven winepresses were required. Now our location is the "Schwäbische Vulkan", a volcano that was active 15 million years ago and formed over 150 volcanic vents, the Jusi Mountain, just east of Metzingen, being one of them.

Bad Urach is a historical, mediaeval town possessing a late Gothic basilica, a residential palace, half-timbered buildings and the castle ruins of Hohenurach. This part of the Alb is regarded as a real cave-visitor's paradise: Here, in the area surrounding Lichtenstein Castle, you can explore the Olgahöhle, Nebelhöhle and Bärenhöhle as well as the further caves, namely Frankensteiner Höhle, Schillerhöhle, Gutensteinhöhle and Gußmannshöhle.

Reigning upon a huge crag, as a mighty fortress, are the ruins of Hohenneuffen, once the castle of the Lords of Neuffen, who became known as minnesingers. In order to experience the Alb in its original state, the Teck castle ruins belonging to the "Dukes of Teck", who in fact never held a duchy, should be approached from the Rauber Mountain via the path leading past the rock formation "Gelber Fels".

While on the topic of great ruins, mention should also be made of Reußenstein. Paths connect this site to the cave Schertelhöhle and the outlook-tower on the Römerstein.

Münsinger Alb and Zwiefalter Alb

Münsingen has been established as having been an Alemanni settlement at the end of the third century. In the Beutenlay Nature Reserve the botanist will find an open illustrative book picturing all manner of flora to be found on the Alb. In fact, visitors of the region should feel encouraged to discover the pleasure of lingering a while, to amble through the juniper heaths and the leafy forests and to take note of the rare species of plants that grow on the dry grassland and the craggy peaks of the Alb.

On the Great Lauter, between the horse-breeding farm Marbach in the north and the Obermarchtal Monastery in the south, there is a whole row of castles and strongholds. From Indelhausen a road climbs up to Hayingen, where in the summer months there is an open-air theatre, and leads to Wimsener Höhle that can be viewed by punt for a stretch of eighty metres. Here is the source of the Zwiefalter Aach, which flows to Zwiefalten, known for its splendid Benedictine abbey. In its total harmony of architecture and art the abbey is a fine representative of the very height of Baroque building construction.

Blaubeurer Alb and Ulmer Alb

In the Blautopf, the twenty-metre-deep lake in Blaubeuren, source of the little stream, the Blau, water gathering from an area of 175 square kilometres springs out into daylight. After the snow break this can involve the gushing out of up to 26 thousand litres per second. In the monastic church, situated right beside the Blautopf, there is a wonderful high altar, which is regarded as the most accomplished of its kind ever produced in the history of Swabian art.

In Ulm you can admire the gothic minster, which possesses the highest church tower in the world (161 m), as well as the historical town hall and its astronomical clock, the fishing and tanning quarters and the old town centre—including the town walls, the tower known as Metzgerturm, the Schwörhaus (where every year the Lord Mayor takes his oath), the armoury, the corn exchange and lovely fountains.

Göppinger Alb and Geislinger Alb

The mineral springs at Bad Ditzenbach, Bad Überkingen provide baths and resort facilities in the Upper Fils Valley. In Geislingen, with its Helfensteiner Castle, five valleys find their meeting point. Industrialisation began here with the construction of Europe's steepest mountain railway (built in the years between 1847 and 1850). As producers of cutlery and kitchen accessories the Württembergische Metallwaren-Fabrik (WMF) have given Geislingen a name well beyond the German borders. The same can be said of Märklin, Göppingen's model railway manufacturers. In Göppingen-Hohenstaufen lie the castle ruins of Hohenstaufen, the Barbarossa church and a historical documentation of the Staufer period. This immediately calls to mind Schwäbisch Gmünd, the oldest Staufer town, with its mediaeval and Baroque town houses, and the Heilig-Kreuz Cathedral, the oldest church with a basic hall structure in Southern Germany. A little further south of Schwäbisch Gmünd the two "Kaiserberge", Stuifen and Rechberg, rise out of the landscape.

Albuch and Heidenheimer Alb

This section of the Alb offers a variety of geological features. The dry valley Wental presents a sea of rocks with the most peculiar formations. The puzzling Steinheimer Basin was created by a meteor 15 million years ago. Yet another natural feature is the Heldenfinger Shelf.

Steinheim lies in "Albuch", expansive woodland between Stuben Valley, Brenz, Rems and Rosenstein. On its eastern edge lies Königsbronn with its Cistercian monastery. As far back as the fourteenth century the monks there were permitted to smelt iron-ore. The nearby lake Brenztopf is regarded as one of the most beautiful karst source of its kind in the Alb. At Bartholomä you will discover a geological and botanical feature known as the Rau(h)e Wiese, a marshy heath upon flint loam.

Heidenheim offers attractions such as Castle Hellenstein, the Late Gothic church Michaeliskirche and its many half-timbered houses. In Aalen places worthy of a visit include the church Johanneskirche, fine half-timbered buildings and museums: the Museum of Geology and Palaeontology, the Museum of Local History and Topography together with the Schubart Museum, and the Limes Museum.

Härtfeld and southern edge of the Ries

The steep face of the Albtrauf runs along the northern edge of the Härtfeld from Wasseralfingen via the Kapfenberg over to Bopfingen. Protruding out in front of it are the last of the Zeugenberge, the Goldberg and the distinctive Ipf, the latter of which was provided with fortifications by the Celts, at the latest.

The Härtfeld is the proverbial landscape of light and the 'great wide open', crowned by the Neresheim Abbey belonging to the Benedictine monastery there. This church represents Balthasar Neumann's finest and most ingenious achievements, the very height of Baroque architecture.

At the eastern end of the Härtfeld a meteor crashed to the ground leaving a gigantic crater: the Ries. Nördlingen is an impressive town with a mediaeval centre and fully intact town walls. With its height of 450 m the Ries has been put to use as a granary, while the western edge is about 700 m high and offers a great show of Alb flora.

The Ries is thought of as the abrupt ending point of the Swabian Alb, fallen out of the skies, as it were, with the River Wörnitz serving as a final line of demarcation.

Two major paths lead from Tuttlingen to Donauwörth, one following the northern, the other the southern edge of the Alb. Both reveal the Swabian Alb from all its many facets. For the tourist the scenic route of the Schwäbische Albstraße also follows the long mountain range of the Alb, stretching from the south-west (Tuttlingen) to the north-east (Nördlingen). And even for cyclists there exists a good network of sign-posted paths.

One lifetime is not sufficient to experience the Swabian Alb in all its beauty and to fathom its deepest secrets. How many more secrets, relating to the cave dwellers and primitive animals, are there still, just waiting to be disclosed? And what rich stores—from the early days of human settlement right into the Middle Ages—still lie hidden in the ground beneath the Alb? How much is yet to be documented of all that has been handed down pertaining to human life and work: customs and traditions; speech and language; tales, legends and myth. Again and again secrets are revealed within the realm of plant life and their interaction within the various niches. And thus there are many "wonderland tales from wanderers' trails" yet to be told, for there still exists a world of wonder off the beaten track.

"Nothing stays the same", as the saying goes, all is change. To trace this process is a task that can never to be fully accomplished.

Avant propos

Par Theo Müller, Vice-Président du »Schwäbischer Albverein«

Le Jura souabe est un massif de moyenne montagne au relief bien particulier. Cette région karstique – la plus importante d'Allemagne – présente bon nombre de phénomènes géographiques caractéristiques comme les dolines, les vallées sèches, les points d'enfouissement des eaux et les gouffres. Certaines des grottes abritaient déjà des hommes il y a plus que 30 000 ans. De nombreux éléments attestent leur présence : non seulement les os des animaux qu'ils chassaient, mais aussi des objets d'art comme les figurines sculptées en ivoire de mammouth, ou une flûte taillée dans un os d'aile de cygne, le plus ancien instrument de musique que l'on connaisse. Alors qu'au cours du paléolithique chasseurs et cueilleurs menaient une vie itinérante, ne modifiant que très peu le paysage, au cours du néolithique, les choses changèrent lorsque l'homme devint sédentaire. Au fil des siècles, paysans et bergers marquèrent le paysage de leur empreinte, au gré de leurs activités, lui conférant l'aspect diversifié et fascinant que l'on apprécie de nos jours.

Les profondes vallées qui s'enfoncent dans la montagne alternent avec de hauts plateaux ondulés s'étirant à perte de vue. Des landes arides de genévriers et de saules couvrent les arêtes et les flancs de montagnes, sillonnant entre les forêts, les champs et les prairies. Elles sentent bon le thym et les herbes aromatiques et sont éclairées l'été par les grosses fleurs du chardon doré. A flanc de montagne, des rochers abrupts s'intègrent dans le paysage qu'ils parsèment de taches claires et brillantes. De leurs sommets, on jouit d'une magnifique vue sur les vallées ou sur les contreforts du Jura, un panorama à couper le souffle. On y découvre également une faune et une flore uniques, merveilleux dons de la nature, mais aussi les traces de l'évolution du paysage au fil du temps. L'agriculture d'autrefois a laissé des marques bien visibles et les nombreux monuments historiques sont remarquables. Il n'est pas surprenant, compte tenu de la variété des paysages et de leur beauté austère, que le Jura souabe soit apprécié par les randonneurs en quête de calme et de sensations. Il est un havre de paix pour les promeneurs.

Fondée en 1888, l'association Schwäbischer Albverein avait pour but de rendre le Jura accessible grâce aux chemins de randonnée. Aujourd'hui, le réseau compte 23 000 km de sentiers qui traversent des paysages pittoresques et conduisent vers des sites exceptionnels, canalisant ainsi le flot des visiteurs et ménageant des coins où la nature est préservée. La Schwäbischer Albverein représente environ 120 000 adhérents ce qui fait d'elle la plus grande association de randonneurs d'Europe. Elle ne se contente pas de développer la randonnée mais a également pour objectifs de protéger la nature, le paysage et les traditions locales. C'est donc une association soucieuse de la préservation du patrimoine. Outre son réseau de sentiers de randonnée, elle gère 24 gîtes d'étape pour randonneurs et 23 tours panoramiques, et ce grâce à l'aide et au soutien de nombreux bénévoles. Ce travail ne profite pas seulement aux membres de l'association mais aussi à tous les citoyens.

Les photos impressionnantes et pleines de charme de ce livre ainsi que les textes qui les accompagnent présentent avec beaucoup de sensibilité la beauté austère du Jura souabe et nous permettent de prendre conscience de la chance que nous avons de posséder un tel trésor. Nous remercions les auteurs et les éditons Silberburg pour cet ouvrage. Que ce livre motive beaucoup de gens à venir découvrir par eux-mêmes le Jura souabe ; qu'il permette aussi aux visiteurs de garder leurs souvenirs de ces moments forts passés dans le Jura et qu'il leur donne envie de s'engager pour que sa beauté soit préservée.

Le Jura souabe

Par Fritz Schray

Le Jura souabe est l'un des paysages les plus homogènes et les plus marqués d'Allemagne. Il fait partie d'un système de moyenne montagne s'étendant sur 800 kilomètres de longueur, allant du Rhône au Main et auquel appartiennent le Jura français, le Jura suisse, le Jura souabe et pour finir le Jura franconien.

On appelle «Schwäbische Alb», (littéralement l'alpe souabe) la partie qui s'étire sur une longueur de 250 kilomètres et sur une largeur de 40 kilomètres de Schaffhausen, où, aux célèbres chutes, le Rhin entaille le massif, jusqu'au cratère de météorite du Ries de Nördlingen.

Là où aujourd'hui s'étendent de vastes plateaux et où des rochers de calcaire blanc pointent vers le ciel, s'étendait à l'époque du jurassique (il y a 180 à 130 millions d'années) une gigantesque mer, avec sur ses rives des cycadées et dans ses marécages des dinosaures. Les sédiments de calcaire, de sable et de limon, dans lesquels sont inclus d'innombrables plantes et animaux, atteignent plus de 1000 mètres.

Ce n'est que depuis le nord que le «mur bleu» que forment ses strates de roches laisse percevoir le Jura souabe comme une montagne; depuis le sud, il apparaît plutôt comme un pays de collines qui s'élèvent progressivement. Autrefois le Jura souabe était beaucoup plus étendu vers le nord, mais il fut érodé par des fleuves qui créèrent son abrupt qu'ils entaillèrent de nombreux défilés et de promontoires. Il n'en subsiste que des buttes-témoins, cônes isolés aux strates supérieures particulièrement résistantes: les trois «Montagnes impériales» (Hohenstaufen, Rechberg et Stuifen), Achalm et Georgenberg, Zoller, Hohenkarpfen, Hohenlupfen et d'autres encore.

L'eau de pluie contient du dioxyde de carbone qui dissout le calcaire des roches du Jura souabe et c'est pour cela que la région est riche en grottes et en cavités souterraines. L'eau qui s'infiltre à travers les fissures, les crevasses et les diaclases agrandit constamment ces cavités; il s'agit là de ce que les spécialistes appellent des «phénomènes karstiques». Beaucoup de cours d'eau de surface s'infiltrent dans les profondeurs et créent ainsi des vallées sèches. Ce phénomène naturel est particulièrement spectaculaire dans l'infiltration des eaux du Danube entre Immendingen et Möhringen, où tout le fleuve disparaît dans les profondeurs de la terre jusqu'à 200 jours par an, si bien que l'on peut parcourir son lit à pied sec sur plus de trois kilomètres.

On dénombre dans le Jura souabe plus de mille grottes, en grande partie visitables et dont les stalactites fascinent les visiteurs. Ces grottes servirent autrefois d'abri aux animaux et d'habitation aux hommes de l'âge de la pierre. Les figurines animales en ivoire de mammouth trouvées dans la grotte de Vogelherd dans le Lonetal, dont on estime qu'elles ont 30 000 ans, font partie des oeuvres d'art les plus anciennes de l'humanité.

C'est à l'époque néolithique (5000 à 2500 ans av. J.-C.) que les hommes commencèrent pour la première fois à pratiquer l'agriculture et l'élevage dans le Jura souabe, amorçant ainsi la transformation du paysage naturel en un paysage artificiel. On a mis à jour un grand nombre de sites d'occupation datant de l'époque néolithique.

De l'époque des Celtes (du VIIIe au Ier siècle av. J.-C.) datent des tumulus monumentaux et des enceintes quadrangulaires.

Les Romains, avant d'agrandir leur empire vers le nord, utilisèrent la bordure nord du Jura souabe dans les années 80 à 85 de notre ère pour l'implantation des fortins du limes, qui allait de Burladingen jusqu'à Oberdorf am Ipf en passant par Heidenheim. Quand ensuite, à partir de la seconde moitié du IIIe siècle, les Alamans repoussèrent les Romains, le Jura souabe fit directement l'objet d'une occupation massive. Les nombreux cimetières à tombes alignées trouvés par les archéologues et les noms de lieux se terminant par -ingen en attestent.

On trouve partout dans le Jura souabe des châteaux forts, sur les éperons et sur les pitons rocheux, sur les buttes-témoins et sur les à-pics du versant abrupt. Les plus hautes lignées nobles du Moyen Age, les Staufen, les Hohenzollern, les Helfenstein, Zähringen, Fürstenberg et Hohenberg, y eurent leurs forteresses sur ses sommets exposés, cependant que même les seigneurs de moindre noblesse les utilisèrent pour démontrer leur puissance.

C'est également au Moyen Age que des couvents importants et des églises prestigieuses virent le jour: Beuron, Heiligkreuztal, Zwiefalten, Obermarchtal, Blaubeuren, Neresheim, la cathédrale d'Ulm et bien d'autres.

Le Jura souabe, où la présence de l'homme est attestée depuis très longtemps, fut pendant des siècles, malgré des sols pierreux et pauvres et la rareté de l'eau, un pays de paysans, où l'élevage des moutons et des chevaux eut son importance.

L'industrialisation y commença au XVe siècle avec des forges où l'on fondait le minerai de fer inclus dans des pierres que l'on trouvait dans le Jura souabe. Par la suite les indus- tries concernèrent surtout la mécanique de précision et aujourd'hui encore les balances de précision, les instruments chirurgicaux, les pièces tournées, la production d'aiguilles, les instruments d'optique et de musique et la technologie médicale y jouent un grand rôle. Parallèlement au développement des machines textiles s'instaura une production textile de qualité dont les fabricants sont aujourd' hui mondialement connus.

On distingue la partie ouest qui à la frontière suisse au sud de la Forêt-Noire s'élève rapidement depuis la vallée du Wutach et va jusqu'à la ligne Reutlingen/Sigmaringen, la partie médiane jusqu'à la ligne Göppingen/Ulm et la partie est jusqu'au Ries de Nördlingen. On inclue dans cette répartition la région située en contrebas de l'escarpement du nord-ouest.

Entre Randen et Baar

Du Buchberg (876 mètres) près de Blumberg on a une vue magnifique sur les gorges du Wutach et sur le mont Randen près de Schaffhausen. La vue depuis le volcan le plus au nord du Hegau, le Wartenberg (844 m), est elle aussi superbe: on embrasse du regard de grandes parties de la région de Baar et la vallée du Danube au début de son cours, avant qu'il ne disparaisse à Immendingen dans les crevasses et les diaclases du sol calcaire du Hegau pour refaire surface 60 heures plus tard douze kilomètres au sud dans la résurgence de l'Aach. Le lit du Danube ne se remplit que progressivemement jusqu'à Tuttlingen. Cette ville, après un incendie en 1803, fut reconstruite en style classique selon un schéma préalable.

Le cours supérieur du Danube
et le Großer Heuberg

Derrière Tuttlingen le Danube a créé en perçant le massif du Jura souabe une vallée sauvage et romantique, qui compte parmi les plus belles contrées d'Allemagne. Dans cette vallée se trouvent les petites villes médiévales de Mühlheim et de Fridingen.

Sur la droite le cours du Danube est bordé par le plateau de «Eck» avec le grand musée paysan de plein air de Neuhausen; sur la gauche s'étend le plateau du Großer Heuberg. Dans la montée se trouve la grotte des sources du Wulfbach qui fut explorée sur 6,5 kilomètres et qui passe pour être ainsi la grotte la plus longue du Jura souabe. Sur le Großer Heuberg se trouvent aussi le Dreifaltigkeitsberg, près de Spaichingen avec son église de pélerinage du baroque tardif, et le Klippeneck, un promontoire d'où l'on voit la zone en contrebas du massif avec les monts de Hohenkarpfen et de Hohenlupfen. Au nord se trouve le «Hohe Schwabenalb» avec le Lemberg (1015 m), le sommet le plus élevé du Jura souabe, autour duquel sont groupés dix autres sommets atteignant ou dépassant les mille mètres.

Mais retournons vers la vallée du Danube où se succèdent maintenant les curiosités: le petit château rococo de Bronnen, l'abbaye bénédictine de Beuron, le château fort de Wildenstein, le château fort en style troubadour de Werenwag, la ruine de Wagenburg, l'imposant rocher «Schaufelsen» émergeant de la forêt et les ruines du «Gebrochen Gutenstein». Le fleuve longe maintenant la ville de Sigmaringen, l'ancienne résidence des princes de Hohenzollern-Sigmaringen, avec la silhouette imposante de leur château.

Le «Zollernalb»
et les monts de Balingen

Sur la gauche on monte par la vallée de la rivière Schmeie vers la région «Zollernalb» et les monts de Balingen. Ces sommets, d'où la vue est fort belle, portent les noms de Lochenstein (963 m), Hörnle (956 m) et Raichberg (956 m). A leur pied se trouve Balingen avec le château des Zollern et le musée de la balance, ainsi que l'aristocratique Hechingen avec son ancienne église conventuelle Sankt-Luzen à l'exceptionnel décor Renaissance. Et ensuite bien sûr, se détachant nettement et tout hérissé de tours, le château fort de Hohenzollern, le troisième château sur ce sommet, un monument à la gloire de la famille, érigé seulement entre 1850 et 1867 par le roi de Prusse Friedrich Wilhelm IV. Le château, renfermant de précieuses collections d'art, est aujourd'hui un musée qui est l'une des grandes attractions touristiques de l'Europe.

Les régions de Reutlingen, Urach et Neuffen

Au nord-est, notre chemin nous mène vers Reutlingen (102 000 habitants) avec la Marienkirche, l'une des plus imposantes églises médiévales de la Souabe. Sur le Achalm aux portes de la ville vécut HAP Grieshaber (1909–1981), un grand graveur sur bois dont tout l'oeuvre est profondément associé au Jura souabe.

A Metzingen on cultivait autrefois tellement de vignes que sept pressoirs y étaient nécessaires. On se trouve ici sur le «massif volcanique souabe» qui fut actif il y a 15 millions d'années et qui était constitué de plus de 150 cheminées volcaniques. Le Jusi qui se trouve juste à l'est de Metzingen est l'une de celles-ci.

Bad Urach offre un aspect médiéval avec des maisons en pan-de-bois, sa basilique en style gothique tardif, son château, les ruines du château fort de Hohenurach. Avec les grottes de Olgahöhle, Nebelhöhle et de Bärenhöhle autour du château de Lichtenstein, ainsi que celle de Falkenstein, les Schillerhöhle, Gutensteinhöhle et de Gußmannshöhle, cette partie du Jura souabe passe pour le paradis des grottes.

Sur un éperon rocheux trône telle une puissante forteresse la ruine du Hohenneuffen, le château fort des seigneurs de Neuffen, qui se firent connaître en tant que troubadours.

Il faut découvrir les ruines du château fort des «ducs de Teck» (qui ne possédèrent jamais de duché) depuis le Rauber en passant devant le «Rocher jaune» si l'on veut s'imprégner du Jura souabe d'autrefois.

Dans ce secteur aux ruines majestueuses se trouve aussi le Reußenstein. Des sentiers le relient à la grotte «Schertelshöhle» et à la tour-belvédère élevée sur le Römerstein.

Entre Münsingen et Zwiefalten

Münsingen est attesté comme fondation alémanique déjà à la fin du IIIe siècle. La zone de protection de la nature de Beutenlay est pour l'amateur de botanique comme un livre de leçon de choses ouvert sur tout ce qui pousse et fleurit sur le Jura souabe.

Il faudrait en fait partout dans le Jura souabe découvrir aussi le plaisir de flâner, il faudrait cheminer tranquillement à travers les landes de genévriers et les forêts de feuillus, découvrir la flore des landes steppiques et les plantes rares des prairies sèches et des crêtes rocheuses.

Sur la Grande Lauter, entre le haras de Marbach au nord et le couvent d'Obermarchtal au sud, s'aligne toute une rangée de châteaux forts.

D'Indelhausen une route mène par les hauteurs vers Hayingen, où en été sont données des représentations théâtrales en plein air, à la grotte Wimsener Höhle dans laquelle on peut pénétrer en barque sur une distance de 80 mètres. C'est d'ici que sourd la rivière Zwiefalter Aach, qui coule vers Zwiefalten à la superbe abbaye bénédictine, apogée de l'architecture baroque, où architecture et peinture sont à l'unisson.

De Blaubeuren à Ulm

A Blaubeuren dans la source vauclusienne du «Blautopf», dont la profondeur atteint 20 mètres et où jaillit la source de la rivière Blau, ressurgissent des eaux provenant d'un bassin de 175 km^2. Après la fonte des neiges, le débit peut atteindre jusqu'à 26 000 litres à la seconde. Dans l'église abbatiale située juste à côté, se trouve un très beau maître-autel qui passe pour être ce que l'art souabe a produit de plus achevé dans le genre.

A Ulm on admirera la cathédrale gothique avec sa flèche la plus haute du monde (161 m), l'ancien hôtel de ville avec son horloge astronomique, les quartiers des Pêcheurs et des Tanneurs et la vieille ville avec son mur d'enceinte et la tour des Bouchers, le «Schwörhaus», le «Zeughaus» (arsenal), le «Kornhaus» (grenier à blé) et de belles fontaines.

Les régions de Göppingen et de Geislingen avec les Montagnes impériales

A Bad Ditzenbach et Bad Überkingen, des sources d'eau minérale pourvoient la vallée supérieure du Fils en possibilités de cure et de bain. Geislingen, où se trouve le château fort de Helfenstein, voit la convergence de cinq vallées. L'industrialisation commença ici grâce à la ligne de chemin de fer de montagne construite de 1847 à 1850 et qui était alors la plus pentue d'Europe. La firme WMF «Württembergische Metallwaren-Fabrik» (fabrique wurtembergeoise de marchandises métalliques) fit, grâce à ses couverts et à ses accessoires de cuisine, connaître Geislingen bien au-delà des frontières allemandes. La même chose vaut pour Göppingen et le fabricant de modèles réduits de trains Märklin. A Göppingen-Hohenstaufen se trouvent les ruines du château fort de Hohenstaufen avec l'église de Barberousse et une documentation sur l'histoire des Staufen.

Là vient immédiatement à l'esprit Schwäbisch Gmünd, la plus ancienne cité des Staufen avec ses maisons bourgeoises médiévales ou baroques et la cathédrale du Sacré-Cœur, la plus ancienne église-halle de l'Allemagne du sud. C'est vers le sud de cette ville que s'élèvent les deux «Montagnes impériales» de Stuifen et de Rechberg.

Albuch et Heidenheim

Cette région possède une grande diversité de particularités géologiques. Dans le Wental se trouve une vallée sèche avec une mer de rochers et des formations rocheuses étranges. L'énigmatique cuvette de Steinheim fut créée il y a 15 millions d'années par la chute d'une météorite. Les formations rocheuses du Kliff de Heldenfingen constituent un autre site naturel.

Steinheim est situé dans le «Albuch», une zone de forêts qui s'étend entre Stubental, Brenz, Rems et Rosenstein. Sur sa bordure est se trouve Königsbronn, où les moines de l'abbaye avaient obtenu déjà au XIVe siècle l'autorisation de fondre le minerai de fer inclus dans des pierres. Dans les environs, le «Brenztopf» compte parmi les plus belles sources vauclusiennes du Jura souabe. A Bartholomä on peut découvrir une particularité tant géologique que botanique: le «Rau(h)e Wiese», une lande marécageuse sur de la glaise de silex.

Heidenheim propose bien des choses à voir: le château de Hellenstein, l'église Saint-Michel du gothique tardif et des maisons en pan-de-bois. A Aalen les destinations à retenir sont l'église Saint-Jean, de beaux bâtiments en pan-de-bois et des musées: le musée de géologie et de paléontologie, le «Schubartmuseum» qui abrite aussi le musée des traditions populaires et le musée du limes.

Härtsfeld et le bord sud du Ries

Sur le rebord nord du Härtsfeld court l'abrupt de la crête du Jura souabe depuis Wasseralfingen jusqu'à Bopfingen en passant par le Kapfenburg. Détachés en avant du massif se dressent les dernières buttes-témoins de Goldberg et Ipf, très caractéristique, qui fut doté au plus tard à l'époque celtique d'une enceinte fortifiée.

Le Härtsfeld est typiquement un paysage de la lumière et des grands espaces, couronné par l'église abbatiale du couvent des bénédictins de Neresheim. L'architecte Balthasar Neumann y a réalisé son oeuvre la plus gé- niale, le parachèvement du baroque.

Une météorite tombée il y a 15 millions d'années sur l'extrémité est du Härtsfeld y laissa un gigantesque cratère, le Ries. Nördlingen impressionne par son centre ancien d'époque médiévale et ses remparts conservés dans leur totalité. Grâce à une altitude de 450 mètres, le Ries est devenu un grenier à blé, tandis que son rebord ouest s'élevant à nouveau à une altitude d'environ 700 mètres présente toute la flore du Jura souabe.

Le cratère du Ries serait, dit-on, comme un point final du Jura souabe tombé du ciel et la rivière Wörnitz comme son fleuve-frontière.

Deux grands sentiers de randonnée mènent de Tuttlingen à Donauwörth, l'un suivant le bord nord, l'autre le bord sud du Jura souabe, que l'on peut ainsi découvrir dans toute sa diversité en suivant l'un ou l'autre. La route touristique «Schwäbische Albstraße» suit également le tracé longitudinal du sud-ouest (Tuttlingen) au nord-est (Nördlingen). Les randonneurs à vélo ont également de nombreux chemins qui leur sont indiqués.

Une vie ne suffit pas pour découvrir jusqu' aux dernières beautés du Jura souabe et comprendre ses profonds mystères. Combien de mystères restent encore à dévoiler en ce qui concerne les animaux préhistoriques et les hommes des cavernes! Et quels trésors précieux la terre de cette région abrite-t-elle encore, datant des temps où l'homme s'y installa jusqu'au Moyen Age! Combien reste-t-il de choses à faire connaître d'après ce qu'on y a trouvé de la vie et de l'activité des hommes, des coutumes, de la langue, des légendes et de l'histoire. On découvre toujours à nouveau des secrets dans la vie des plantes et dans l'influence réciproque des différentes espèces. Il y a toujours encore un monde merveilleux sur le bord du chemin.

«Bientôt il ne restera plus rien», entendons dire, tout est transformation. En suivre la trace est une tâche dont on ne vient jamais à bout.

Prólogo

Theo Müller, Vicepresidente de la Asociación del Jura de Suabia

El Jura de Suabia es un sistema montañoso medio algo especial. Siendo la región con formaciones kársticas más extensa de Alemania, muestra diversas manifestaciones típicas para ese tipo de paisaje, como hondanadas, valles desecados, ríos infiltrados y numerosas grutas. En grutas idóneas para ello vivieron hombres ya hace más de 30.000 años. Si en el Paleolítico había cazadores y recolectores que apenas transformaban el rostro del paisaje, en el Neolítico esto cambió con el hecho del devenir sedentario del hombre. Desde entonces y a través de los siglos el paisaje estuvo marcado por la acción de agricultores y pastores. Debido a su actividad surgió la figura conocida, variada, fascinante y querida del paisaje de cultivo rural que denominamos Jura de Suabia.

Con todo, en la estructura del Jura de Suabia se alternan estrechamente valles entallados con la amplitud de su meseta hondulada. Entre bosques, campos y prados se extienden, sobre laderas y pendientes, páramos parcos con juniperos y dehesas que huelen a tomillo y a otras hierbas, y que en los veranos están irradiados por los soles de los cardos blancos. Parte de este paisaje son también las rocas escarpadas que brillan luminosas en los costados de las pendientes, y que casi hacen posible una mirada profunda a los valles o las estribaciones del Jura de Suabia. A todo esto hay que añadir una conformación única de la naturaleza con plantas y animales, aunque también con formas que manifiestan el transcurso de la historia en el paisaje. No se pueden obviar los testimonios de la utilización de la tierra en el pasado, siendo dignos de admiración los numerosos monumentos culturales.

La Asociación del Jura de Suabia, fundada en el año 1888, tenía el objetivo de hacer accesible la región del Jura de Suabia a través de senderos. Hoy tiene a su cargo una red de caminos para el senderismo de 23.000 km. Los senderos conducen a través de paisajes tremendamente atrayentes hasta lugares muy especiales; de este modo guían el flujo de visitantes y crean así espacios abiertos para una naturaleza sin transtornos. La Asocación del Jura de Suabia es con sus cerca de 120.000 socios la asociación de senderismo más grande de Europa. Cultiva e impulsa no sólo el senderismo, sino que dentro de sus objetivos están también la protección de la naturaleza de la propia región, así como el cuidado del paisaje de cultivo rural y de las costumbres peculiares; es con ello una asociación regional amplia.

Las impresionantes y expresivas fotografías del tomo junto con los textos que lo introducen y acompañan muestran de modo muy sensible la belleza austera del Jura de Suabia, ilustrando el tesoro que poseemos. Por todo ello hay que agradeceder a los autores y a la Editorial Silberburg. Espero que el tomo anime a muchas personas a explorar por si mismas el Jura de Suabia; además deseo que les sirva de recuerdo para las vivencias extraordinarias vinculadas al Jura de Suabia y les motive a emplearse en la conservación de su belleza.

La Schwäbische Alb

Fritz Schray

La Schwäbische Alb es uno de los paisajes más homogéneos y marcadamente típicos de Alemania. Forma parte de una cadena de medianas montañas que tiene 800 kilómetros de largo, que va desde el río Rhône hasta el río Main y que pertenece al Jura francés, al Jura suizo, a la Schwäbische Alb y finalmente a la Fränkische Alb.

Se le llama Schwäbische Alb a la parte que se extiende con una longitud de 250 kilómetros y una anchura de 40 kilómetros desde Schaffhausen, donde en la catarata del Rin este río abre brecha en la sierra del Jura hasta el cráter Ries de Nördlingen, el cual fue formado por un meteorito.

Ahí donde hoy se extienden amplias mesetas y se elevan hacia el cielo blancas rocas calcáreas se encontraba en el período del Jura (hace 180–130 millones de años) un inmenso mar en cuyas playas crecían helechos de palmeras y en cuyas zonas bajas los saurios antaño nadaban como anguilas.

Las poderosas sedimentaciones de cal, arena y lodo en las cuales fueron encerrados innumerables animales y plantas tienen más de mil metros de altura.

Sólo desde el norte se puede reconocer gracias al «muro azul» de las capas rocosas, la Alb como sierra, desde el sur parece un país montuoso que gradualmente va subiendo.

Hacia el norte la Alb fue antes mucho más ancha. Aquí fue desmontada por ríos que formaron el escarpado borde y que lo segaron formando muchas gargantas y picos. Los únicos que quedaron fueron los «Zeugenberge» (Montes Testigos) , conos aislados con capas extraordinariamente duras: los tres así llamados Kaiserberge (Montes del Emperador): Hohenstaufen, Rechberg y Stuifen; Achalm y Georgenberg, Zoller, Hohenkarpfen, Hohenlupfen y algunos otros.

El agua de la lluvia contiene dióxido de carbono, y éste disuelve la cal de la roca de la Alb. Por eso hay en la Schwäbische Alb muchas cavidades subterráneas y cavernas. El agua que gotea a través de ranuras, hendiduras y grietas, agranda estas cavidades permanentemente. Los expertos llaman a este procedimiento Verkarstung (por el paisaje en el Karst).

Muchos ríos y lagos que se encuentran en la superficie se filtran en la profundidad y dejan entonces valles secos en la superficie. El fenómeno natural más espectacular de este rezumar es el del Danubio entre Immendingen y Möhringen, donde hasta 200 días al año desaparece todo el río en la profundidad. Tan es así que se puede caminar tres kilómetros con los pies secos por el lecho del Danubio.

Con más de mil cavernas cuenta la Alb. Muchas de ellas han sido modificadas para que puedan ser visitadas. Los visitantes se sienten fascinados con las estalactitas y estalagmitas que se encuentran en ellas. Antaño estas cavernas servían como refugio a los animales y los hombres de la edad de piedra habitaban allí. Figuras de animales de marfil de mamut cuya antigüedad se estima en unos 30.000 años fueron encontradas en Lonetal (el valle de Lone) en la cueva Vogelherdhöhle. Pertenecen a unas de las más antiguas obras de arte de la humanidad.

Con la Edad de Piedra Temprana (5.000 hasta 2.500 a.C) los primeros hombres de la Alb empiezan a dedicarse a la agricultura y a la ganadería. Así empieza a darse el cambio del paisaje natural en paisaje cultural. En la Alb fueron excavados una serie de lugares donde existieron poblados de la época de la Edad de Piedra Temprana.

De la época de los celtas (s. VIII hasta I a.C) provienen monumentales tumbas en las colinas así como fortificaciones cuadradas.

Los romanos utilizaron el margen norte de la Alb desde los años 80 hasta 85 después de Cristo para la construcción de castillos en dirección a la Alb-Limes que se extendía desde Burladingen pasando por Heidenheim hasta Oberdorf al pie del monte Ipf antes de seguir expandiendo su imperio hacia el norte.

Cuando a partir de la segunda mitad del siglo III los Alamannen (la etnia de los alemanes) hicieron retroceder a los romanos esta zona se pobló densamente. Esto se sabe porque los arqueólogos han encontrado muchos cementerios con tumbas en hileras y también por los nombres de pueblos que terminan en -ingen.

Por todas partes, en las peñas, y torres de roca de la Alb, en las montañas que han sido testigos de épocas anteriores «Zeugenberge» y en los escarpados precipicios del margen de la Alb se encuentran castillos fortificados. Las familias de la más alta nobleza de la Edad Media – los Staufer, Hohenzoller, Helfensteiner, Zähringer, Fürstenberger y Hohenberger, tenían sus castillos en expuestas montañas en la Alb. Pero también los señores de la nobleza menor mostraban su poder a través de sus castillos.

De la misma manera en la Edad Media surgen monasterios muy importantes y magníficas construcciones eclesiásticas: Beuron, Heiligkreuztal, Zwiefalten, Obermarchtal, Blaubeuren, Neresheim, la Catedral de Ulm y muchas otras.

La Schwäbische Alb como país de poblaciones antiquísimas fue durante siglos un país campesino, aunque la tierra era muy rocosa y árida y había poca agua. Importante fue también la tenencia de ovejas y la crianza de caballos.

La industrialización empieza en el siglo XV con pequeñas fábricas donde el así llamado canto rodado mineral, el cual se encontraba en la Alb, era fundido. La industria posterior puso énfasis en la mecánica fina y todavía hoy juegan un rol importante las balanzas de precisión, los instrumentos quirúrgicos, los tornos, la producción de agujas, los instrumentos ópticos, instrumentos musicales y técnica de medicina.

Al mismo tiempo, con el desarrollo de las máquinas textiles se desarrolló la fabricación de textiles de alta calidad cuyos fabricantes son actualmente mundialmente conocidos.

Se diferencian la Alb del Oeste, la cual se alza empinada del valle de Wutach en la frontera suiza al sur de la Selva Negra y llega hasta la línea de Reutlingen/Sigmaringen, la Alb Central que llega hasta la línea Göppingen/Ulm y la Alb Este que llega hasta el Ries de Nördlingen.

En esta composición se considera también el territorio que se encuentra delante del precipicio del «Albtrauf» en el nordoeste.

Entre Randen y Baar

Desde el monte Buchberg (876 metros) en la localidad de Blumberg se tiene un maravilloso panorama del barranco Wutach y del monte Randen, cerca de la ciudad de Schaffhausen. También la vista más al norte del volcán Hegau, del Wartenberg (Monte Warten, 844 metros) vale la pena: se puede abarcar con la vista una gran parte de la Alba del Baar y de la hondanada con el joven Danubio, el cual se hunde en las grietas y resquebrajaduras de la Alba de Hegau, en Immendingen y vuelve a aparecer a la luz del día sesenta horas más tarde, doce kilómetros al sur en el manantial del Aach.

Sólo lentamente llegando a Tuttlingen se vuelve a llenar el cauce del Danubio.

Esta ciudad se volvió a diseñar en el estilo clasisista en una maqueta, después de un incendio en el año 1803. Hoy se le considera el centro mundial de la técnica médica.

El valle superior del Danubio y la montaña Großer Heuberg (Gran Montaña de Heno)

Detrás de Tuttlingen, el Danubio ha creado con la brecha que atraviesa la Sierra del Alb un romántico y salvaje valle que se considera como una de las regiones más bellas de Alemania. En el valle se encuentran las pequeñas ciudades medievales de Mühlheim y Fridingen.

A la derecha acompaña al valle del Danubio la meseta del Eck con su gran museo abierto campesino en Neuhausen, a la izquierda se yergue la meseta del Großer Heuberg . A la subida se encuentra la cueva donde nace el manantial del Wulfbach (Riachueluelo del Lobo) que ha sido investigada hasta una profundidad de 6,5 kilómetros y que es considerada como la cueva más larga de la Schwäbische Alb.

El Dreifaltigkeitsberg (Monte de la Trinidad) con su iglesia de peregrinación del barroco tardío, cerca de Spaichingen también es considerado como parte del Großen Heuberg, así como Klippeneck (la Esquina de Peñas), desde donde se puede abarcar con la mirada el territorio que se encuentra delante de la Alb con los montes Hohenkarpfen y Hohenlupfen.

Al norte se encuentra la «Hohe Schwabenalb» (La Alta Alba Suebia) con el Lemberg (1015 metros), el monte más alto de la Schwäbische Alb, alrededor del cual se agrupan otros diez montes de la Alb, cuya altura alcanza los mil metros y más.

Volvamos al valle del Danubio, donde a continuación tenemos los puntos más atractivos: El pequeño castillo Bronnen en el estilo Biedermeier-Rococó, la Abadía Benedictina de Beuron, el castillo Wildenstein, el Castillo del Trovador Werenwag, la ruina de Wagenburg, las impresionantes rocas que brillan desde el bosque «Schaufelsen», y la ruina «Gebrochen Gutenstein».

Ahora fluye el río rumbo a Sigmaringen, la antigua ciudad-residencia, con la espléndida silueta del castillo del príncipe de Hohenzollern-Sigmaringen.

La Alba de Zollern y Balinger Berge (Montes de Balingen)

A la izquierda tenemos el valle de Schmeie en la Alba de Zoller y los montes de Balingen. Los montes con los más bellos panoramas se llaman Lochenstein (963 metros), Hörnle (956 metros) y Raichberg (956 metros).

Delante de ellos se encuentran Balingen con el castillo de Zollern y el museo de Waagen así como la elegante y noble ciudad de Hechingen con la antigua iglesia del Monasterio Sankt Luzen cuyo mobiliario y cuya decoración renacentista son únicos.

Y a continuación, naturalmente el almenado Hohenzollern, que se yergue en las alturas, es el tercer castillo en este monte, un monumento familiar que se hizo construir el rey prusiano Friedrich Wilhelm IV recién entre 1850 y 1867. Hoy el castillo ha sido convertido en un museo donde se pueden admirar sus valiosas colecciones de arte y es una de las grandes atracciones turísticas de Europa.

La Alba de Reutlingen, Urach y Neuffen

El camino nos lleva al norte hacia Reutlingen (102.000 habitantes) con la «Marienkirche» (Iglesia de María): una de las casas de Dios medievales más imponentes de Suebia. En el monte Achalm delante de los portales de la ciudad, vivía el artista HAP Grieshaber (1909–1981) el gran grabador de madera, cuyo trabajo en su totalidad, estuvo profundamente unido con la Schwäbische Alb.

En Metzingen se cultivó antes tanto la viticultura que fueron necesarios siete lagares para prensar la uva. Aquí se encuentra el «Volcán Suebio» que estuvo activo hace 15 millones de años y que ha formado más de 150 chimeneas volcánicas. El Monte Jusi directamente al oeste de Metzingen es uno de ellos.

Bad Urach muestra un aspecto general de la ciudad que es histórico y medieval, con casas con fachadas entramadas, la Basílica de estilo gótico tardío, el castillo residencial y la ruina del castillo fortificado Hohenurach. Alrededor del castillo Lichtenstein se encuentran las cuevas «Olgahöhle» (Cueva de Olga), «Nebelhöhle» (Cueva de Niebla) y «Bärenhöhle» (Cueva de los Osos), con estas cuevas así como con las cuevas Falkensteiner Höhle, Schillerhöhle, Gutensteinhöhle y Gußmannshöhle está considerada esta parte de la Alb como el paraíso de las cuevas.

El castillo fortificado de Hohenneuffen, de los señores de Neuffen, conocidos como trovadores, reina como imponente fortaleza en un cuadrado pétreo.

Las ruinas del castillo «Teck» de los «duques de Teck» quienes nunca poseyeron un ducado, deben ser recorridas desde el monte Rauber pasando por la roca amarilla «Gelber Fels» si se quiere experimentar lo que es la Alb autóctona.

En este campo de poderosas ruinas se encuentra también la ruina del castillo fortificado de Reußenstein. Senderos para caminantes unen esta ruina con la cueva Schertelshöhle y la torre-mirador en Römerstein (Piedra de los Romanos).

La Alba de Münsingen y de Zwiefalten

Está comprobado que para fines del tercer siglo Münsingen ya era un poblado de los alemanes.

En la zona de protección natural Beutenlay el botánico puede encontrar un libro abierto de imágenes sobre todo lo que verdece y florece en la Alb. En realidad uno debería de tomarse el tiempo en todos los lugares de la Alb, uno tendría que caminar tranquilamente entre los brezales de enebro y los frondosos bosques, descubrir la flora de la estepa de brezales, las raras plantas del prado de césped seco y las piedras en forma de cabeza.

En Große Lauter, entre la caballeriza Marbach en el norte y el Monasterio Obermarchtal en el sur, hay un collar de perlas de casti llos alineados. Desde Indelhausen sale una carretera que sube a Hayingen, donde se realizan en el verano festivales al aire libre, de allí llega a la cueva Wimsener Höhle, en la cual se puede navegar hasta 80 metros de longitud con una canoa. Aquí nace el riachuelo de Zwiefalten, que conduce hasta la imponente Abadía de los Benedictinos; la cual representa la cumbre del estilo de construcción del arte barroco en armonía entre la arquitectura y la pintura.

La Alba de Blaubeuren y de Ulm

Blautopf, en Blaubeuren, tiene 20 metros de profundidad, ahí se encuentra el manantial de donde nace el río Blau el cual recibe agua de una gran cuenca de 175 metros cuadrados, cuando sale a la luz el río Blau es muy caudaloso. Después de que se derrite la nieve, el ojo de agua del manantial puede llegar a tener hasta 26.000 litros por segundo.

En Blaubeuren, en la iglesia del monasterio, al lado del Blautopf se encuentra un maravilloso altar mayor, el cual es considerado el más perfecto de los de este tipo que ha creado el arte suebio.

En Ulm se admira la catedral gótica, tiene la torre de iglesia más alta del mundo (161 metros). Podemos admirar también el ayuntamiento histórico con su reloj astronómico, el barrio de los pescadores y de los curtidores y el casco antiguo con sus murallas que cercan la ciudad, la torre Metzgerturm (Torre del Carnicero), la casa Schwörhaus (Casa del Juramento), Zeughaus (Arsenal), Kornhaus (la Casa del Grano) y hermosas fuentes.

La Alba de Göppingen y de Geislingen con los Kaiserberge (Los Montes del Emperador)

Bad Ditzenbach y Bad Überkingen en el valle alto de Fils «Filstal» ofrecen posibilidades de tomar baños y curas en sus aguas minerales. En Geislingen con el castillo de Helfensteiner, confluyen cinco valles.

La industrialización empieza con el tren más empinado de su época en toda Europa. Este tren que atravesaba montañas fue construido de 1847 a 1850.

La fábrica de productos de metal de Württemberg (WMF) con sus cubiertos y accesorios para cocina hizo conocido a Geislingen más allá de las fronteras alemanas. Lo mismo se puede decir de Göppingen con sus trenes de juguete de la marca Märklin.

En Göppingen-Hohenstaufen se puede encontrar la ruina del castillo Hohenstaufen con su Barbarossakirche (iglesia de Barbarossa) y una documentación de la historia de los Staufer.

Aquí se acuerda uno también inmediatamente de la ciudad Schwäbisch Gmünd, la más antigua ciudad de los Staufer, con sus casas burguesas medievales y barrocas y la iglesia Heilig-Kreuz-Münster (iglesia de la Santa Cruz), que tiene la nave principal más antigua del sur de Alemania.

Un poco al sur de Schwäbisch Gmünd se erigen los dos montes «Kaiserberge« (Montes del Emperador); Stuifen y Rechberg.

La Alba de Albuch y Heidenheim

Esta parte de la Alb tiene una gran variedad de rarezas geológicas. En el valle Wental uno se encuentra con un valle seco, un mar de rocas y la más extraña formación de rocas.

La enigmática cuenca de Steinheim se formó hace 15 millones de años por la perforación de un meteorito. Otro monumento natural es el arrecife de Heldenfingen.

Steinheim se encuentra situada en «Albuch» una zona extensa de bosques entre Stubental, Brenz, Rems y Rosenstein. En su margen este se encuentra Königsbronn, en cuyo Monasterio Cisterciense los monjes ya habían recibido en el siglo XIV el permiso para fundir el hierro pisolítico.

El Brenztopf (la poza del ojo de agua del Brenz) cerca de allí está considerada una de los más bellas,de ahí sale el manantial que forma el río Brenz.

Cerca de Bartholomä se puede descubrir una rareza geológica-botánica, que es la Rau(h)e Wiese (el prado áspero), una ciénaga de brezales sobre arcilla de pedernal.

Heidenheim ofrece lugares de interés como el castillo de Hellenstein, la iglesia del gótico tardío «Michaeliskirche» y casas con fachadas entramadas. En Aalen vale la pena conocer la Johanneskirche (iglesia de San Juan), las bonitas edificaciones con fachadas entramadas y los museos: El Museo de Paleantología y Geología, El Museo de Schubart, el Museo de la Cultura de la Región y el Museo de Limes.

Härtsfeld y el margen sur de Ries

En el margen norte de Härtsfeld se pierde el precipicio del Albtrauf, de Wasseralfingen pasando por Kapfenburg (el castillo de Kapf) hasta Bopfingen. Frente al precipicio se encuentran los últimos Zeugenberge (Montes Testigos), el Goldberg (Monte del Oro) y el marcante Ipf, en el cual a más tardar en la época de los celtas fue construida una fortificación. El prado «Härtsfeld» es por antonomasia un luminoso y vasto paisaje, el cual se encuentra coronado por la Iglesia de la Abadía del Convento de los Benedictinos de Neresheim.

Balthasar Neumann logró crear con esta iglesia la última cumbre del barroco, su obra más genial.

Al final del este de Härtsfelds cayó un meteorito hace 15 millones de años y formó un enorme cráter: Ries.

Nördlingen impresiona por su casco antiguo medieval y las murallas que circundan la ciudad antigua, que están totalmente conservadas. Ries tiene una altura de 450 metros y se convirtió en la despensa de granos mientras que el margen oeste vuelve a tener una altura de 700 metros y muestra una flora que es totalmente una flora de la Alb.

Se define el cráter Ries como el punto final de la Schwäbische Alb, caído del cielo y finalmente el río Wörnitz como río de frontera.

Dos grandes caminos llevan al caminante de Tuttlingen a Donauwörth. El uno sigue el margen del norte, el otro el margen del sur de la Alb.

En ambos caminos se puede conocer la Schwäbische Alb en toda su diversidad. La carretera de la Schwäbische Alb para los turistas sigue de la misma manera el rumbo de la Schwäbische Alb del sudoeste (Tuttlingen) hacia el nordeste (Nördlingen).

También para ciclistas existen muchos caminos señalizados.

Una vida no alcanzaría para experimentar las últimas bellezas de la Schwäbische Alb y para desentrañar sus más íntimos secretos.

¡Cuántos secretos existen todavía por sacar a la luz cuando se trata de los animales prehistóricos y de los hombres de las cavernas! – ¡Y qué riquezas se encuentran todavía escondidas también en la tierra de la Alb desde la época de los primeros poblados hasta la Edad Media! – ¡Cuánto de lo que nos han dejado de la vida humana y de sus hechos; las costumbres, la lengua, las sagas, e historias están todavía por documentarse!

Siempre se están descubriendo secretos en la vida de las plantas y sus efectos en los diferentes espacios vitales. Sigue habiendo un país de maravillas al borde del camino

«Nada permanence igual» se dice, todo se transforma.

Es vuestra tarea seguir las huellas, tarea interminable.

Auf dem Einband:
Blick aus dem Flugzeug auf den Roßberg bei Reutlingen-Gönningen mit seinem Aussichtsturm, dahinter Bolberg und Filsenberg, der Farrenberg, der Dreifürstenstein und der spitze, burggekrönte Zoller.
Einbandrückseite:
Die Silberdistel ist das Wahrzeichen der Schwäbischen Alb.
Hinteres Vorsatzpapier:
Novemberstimmung bei Reutlingen-Gönningen.

Cover photo:
Aerial view of the Roßberg with its outlook-tower, near Reutlingen-Gönningen and beyond, the Bolberg and Filsenberg, Farrenberg, Dreifürstenstein and Zoller—with castle crowning its peak.
Back cover:
The silver thistle is the symbol of the Swabian Alb.
Back inside cover:
November impressions, near Reutlingen-Gönningen.

Couverture:
Vue aérienne sur le Roßberg près de Reutlingen-Gönningen avec sa tour-belvédère; derrière les monts Bolberg et Filsenberg, Farrenberg, Dreifürstenstein et le Zoller tout pointu et couronné de son château.
Quatrième de couverture:
Le chardon argenté est le symbole du Jura souabe.
Page de garde arrière:
Ambiance de novembre près de Reutlingen-Gönningen.

En la cubierta:
Vista desde el avión al Roßberg cerca de Reutlingen-Gönningen con su torre-mirador, detrás los montes Bolberg y Filsenberg, el Farrenberg, el Dreifürstenstein (Roca de los Tres Príncipes) y el puntiagudo castillo coronado Zoller.
Cubierta posterior:
El cardo de plata es el símbolo de la Schwäbische Alb.
Guardas posteriores:
Atmósfera de noviembre cerca de Reutlingen-Gönningen.

Bildnachweis

Manfred Grohe:
Einbandvorderseite, Seite 2/3, 20/21 großes Bild, 22, 23, 32 oben Mitte und oben rechts, 33 oben links, oben Mitte links, oben Mitte rechts, unten rechts, 34/35 großes Bild, 38/39 großes Bild, 44, 44/45 großes Bild, 46/47 großes Bild, 48, 47/49 großes Bild, 52, 52/53 großes Bild, 54 alle drei, 56, 58/59 großes Bild, 60, 61 unten, 64, 65, 66, 72, 73, 78, 84, 85, 88/89 großes Bild, 96, 104/105 großes Bild, 112/113 großes Bild, 122 oben links, 122/123 großes Bild, 126, 127, 129, 136, 147 oben, 158.

Touristik-Gemeinschaft Schwäbische Alb, Bad Urach:
Karte auf dem vorderen Vorsatzpapier
(Beschriftung: Silberburg-Verlag).

Schwäbischer Albverein:
Seite 5.

Hardy Vollmer/Bildarchiv Rainer Fieselmann:
Seite 146 oben und Mitte, 147 Mitte und unten.

Rainer Fieselmann:
Alle anderen Aufnahmen.

3 4 5 6 7 09 08 07 06 05

Übersetzung ins Englische:
Hamida Aziz, Tübingen.

Übersetzung ins Französische:
Huguette Alemdar, Tübingen.
Claudine und Jürgen Bartelheimer, La Menitré (Vorwort).

Übersetzung ins Spanische:
Nani Mosquera-Schwenninger, Tübingen.
Esteban Santori, Tübingen (Vorwort).

Umschlaggestaltung: Frank Butzer, Tübingen, unter Verwendung von Aufnahmen von Manfred Grohe, Kirchentellinsfurt (Vorderseite) und Rainer Fieselmann, Eningen unter Achalm (Rückseite).

Reproduktionen: M&S Digitalrepro, Herrenberg.

Druck: Gulde-Druck, Tübingen.
Printed in Germany.

ISBN 3-87407-644-X